Modern Neapolitan Proverbs and Phrasings

Proverbi e frasario napoletani odierni

P. Bello
L. Clark
M.T. Fedele

P.Bello L.Clark M.T.Fedele

Publisher CreateSpace Amazon
Editrice CreateSpace Amazon

ISBN-10: **1543196640**
ISBN-13: **978-1543196641**

Contents

P.Bello L.Clark M.T.Fedele

Indice

Foreword

The Neapolitan language has extremely rich and colorful idiomatic expressions as well as a great number of proverbs, all developed during the many centuries of its history.

We decided to concentrate on better known and modern proverbs rather than those not longer in use that only maintain an interest of historical value. We hope to engage the readers' interest so that they can familiarize themselves with Neapolitan as it is spoken today.

In the present work every proverb or phrase in Neapolitan, written in bold letters, is followed by its literal translation in English and a colloquial explanation where necessary.

A third translation of the same type follows in Italian.

All material is divided in two sections: the first one is about proverbs and the second is about idiomatic expressions. Everything is compiled according to the most important key words in order to facilitate a research. In the instance where two key expressions are used it will be necessary to look up the second key word as well.

The search of the correct meaning of some proverbs and expressions has been very laborious, particularly since some can be misenterpreted even by experts in this field.

It is our hope that this endeavor will have met the expectations of the scholars of Neapolitan.

We will welcome suggestions and comments.

February 2015

P. Bello L. Clark M.T. Fedele

Prefazione

Il napoletano ha un ricchissimo e colorito frasario nonché un gran numero di proverbi, che si sono accumulati nel corso dei secoli della sua storia.

Abbiamo ritenuto di riportare solo quelli più caratteristici e usati al giorno d' oggi, che possono interessare il lettore che voglia pigliare confidenza con il napoletano parlato attualmente, e non quelli tramontati, che possono interessare solo l'erudito.

Ad ogni proverbio o frase in napoletano, scritti in grassetto, è fatta seguire la loro traduzione letterale in inglese e, se è necessario, il loro senso anche in inglese. Lucia Clark si è assunto questo compito.

Seguono infine gli stessi elementi in italiano.

Tutto il materiale è diviso in due sezioni: la prima relativa ai proverbi e la seconda relativa al frasario.

Tutti sono ordinati secondo la parola chiave più significativa per permettere una loro più facile ricerca. Ove si potessero assumere due chiavi è necessario fare la ricerca anche sulla seconda.

Molto laboriosa è stata la ricerca del corretto senso di alcuni proverbi e frasi che talvolta viene frainteso o mal compreso anche da esperti della materia.

Speriamo che questo lavoro abbia soddisfatto le aspettative dei cultori del napoletano.

Suggerimenti e osservazioni sono graditi.

Febbraio 2015

P.Bello L.Clark M.T.Fedele

P.Bello L.Clark M.T.Fedele

BIBLIOGRAPHY / BIBLIOGRAFIA

Altamura A. – *Dizionario dialettale napoletano – Fiorentino Ed. Napoli 1956*
Altamura A. – *Il dialetto napoletano- Fiorentino Ed. Napoli 1961*
Amato B., Pardo A. – *Dizionario napoletano – Vallardi Ed. Milano 2001*
Andreoli R. - *Vocabolario napoletano-italiano - Istituto Grafico Editoriale Italiano Napoli 1988*
Battaglia S. – *Grande dizionario della lingua Italiana – UTET Torino 1980-2004*
Bello P., Erwin D. – *Modern, Etymological Neapolitan-English Vocabulary/ Vocabolario etimologico odierno napoletano-italiano - 2011 sul sito web di Amazon e-book*
Bonavita S. – *Parla comme t' ha fatto mammeta – Mondadori Ed. Milano 2010*
D'Ascoli F. – *Dizionario Etimologico Napoletano – Edizioni Del Delfino Napoli 1990*
De Falco R. – *Alfabeto napoletano - Colonnese Ed. Napoli 1994*
Devoto G., Oli G.C. – *Dizionario della lingua italiana – Le Monnier Firenze 2002*
Galiani F. – *Del dialetto napoletano (1779) – Edizione a cura di Malato E. - Ed. Bulzoni - Roma 1970*
Galiani F., Azzariti F., Mozzarella-Farao F.,Tosco P. –*Vocabolario delle parole del dialetto napoletano, che più si scostano dal dialetto toscano – G.M. Porcelli Napoli 1789 (su http://books.google.it/Galliani vocabolario)*
Giacco G. – *Repertorio Italiano-Napoletano sul sito vesuvioweb: http://www.vesuvioweb.com/it/wp-content/uploads/Giuseppe-Giacco-Vocabolario-napoletano-vesuvioweb.pdf*
Gleijeses V. – *I Proverbi di Napoli – Società Editrice Napoletana Napoli 1978*
Imperatore L.– *Appunti sul dialetto napoletano - Berisio - Napoli 1974*
Pennino C. – *Parlammoce … accussì. Dizionario italiano-napoletano e napoletano-italiano con proverbi e modi di dire – Intra Moenia Ed. Napoli 2008*
Puoti B. –*Vocabolario domestico napoletano e toscano - Napoli 1841 (su http://books.google.it Puoti vocabolario)*
Salzano A. –*Vocabolario Napoletano- Italiano/Italiano-Napoletano – Edizioni del Giglio S.E.N., Napoli 1982*
Treccani – *Lingua Italiana sul sito web: http://www.treccani.it/Portale/sito/lingua_italiana/mainLinguaItaliana.html*
Webster's – *New Collegiate Dictionary -G.& C.Merriam Co. Springfield Ma. U.S.A. X ed.1998*
Zingarelli N. –*Vocabolario della lingua italiana - Zanichelli Bologna 2005*

Abbreviations

fig.	figurative, figuratively	iron.	ironic
Lat.	Latin	lit.	literal, literally

Abbreviazioni

fig.	figurato	iron.	ironico, ironicamente
lat.	latino		
metaf.	metafora, metaforicamente	letteral.	letteralmente

Section I / Sezione I

Neapolitan proverbs sorted by keyword

Proverbi napoletani ordinati per parola chiave

P.Bello L.Clark M.T.Fedele

Proverbs / Proverbi: A

Chi nun accatta e nun venne nun saglie e nun scenne.
Who doesn't buy or sell, will go neither up or down.
Who doesn't buy or sell, will neither make money nor lose money (but will not get ahead)
Chi non compra e non vende, non sale e non scende.
Chi non compra e non vende, non avrà nè guadagni nè perdite.

Meglio nu malo accuordo ca na causa vinciuta.
It is better to make a bad bargain than to win a lawsuit.
Meglio un cattivo accordo che una causa vinta.

Acqua ca nun cammina fa pantano e ffete.
Water that does not flow makes a swamp and smells.
Don't trust too quiet a person, he might have a trick up his sleeve
Acqua che non cammina fa pantano e puzza.
Occorre diffidare di chi è chiuso, taciturno, apparentemente quieto, ma che trama e ti può danneggiare.

LI' acqua nfraceta 'o bbastimiento a mmare e 'a mugliera ammarcisce 'o marito 'nterra.
Water will rot a ship at sea and a wife will rot her husband ashore.
L'acqua infradicia il bastimento a mare e la moglie fa marcire il marito a terra.

Addó nun miette ll'aco, miette 'a capa.
Where you don't use a needle, you will be able to put your head through it.
If you don't fix a small problem, you will have to face a big disaster.
Dove non metti l' (non intervieni con l') ago, ci metti (passi poi con) la testa.
Se non si interviene all' inizio un piccolo danno diventa disastro.

Meglio cap' alice ca cora 'e cefaro.
An anchovy's head is better than a mullet's tail.
(Better to be the first in a small field than the last in a big field) Better be the first in a small place than to be the last in a large one.
Meglio (essere) testa di alice che coda di cefalo.
Meglio primeggiare in un ambito ristretto, che essere ultimo in un grande gruppo.

A altare sgarrupato nun s'appicciano cannele.
You don't put candles on a broken altar.
Don't go after older or ugly women.
Ad altare in rovina non si accendono candele.
Alle donne anziane o brutte non si fa la corte.

Amà e nun essere amato è ttiempo perzo.
To love without being loved back is a waste of time.
Amare e non essere amato è tempo perso.

Proverbs/Proverbi: A

Amice povere, amice scurdate.
Poor friends,forgotten friends.
Amici poveri, amici dimenticati.

LI' amice nun songo maje supierchie.
You never have enough friends.
Gli amici non sono mai troppi.

Ama Il' amico c' 'o vizio sujo.
Love your friend with all of his bad habits.
Love your friend and accept his shortcomings.
Ama l'amico con il suo vizio.
Ama l' amico e accettane i difetti.

LI' amico vero nun dicette ma facette.
A true friend will not speak but he will act.
A true friend will act in your behalf without a word.
L'amico vero non disse ma fece.
Un vero amico agisce invece di parlare.

Amico pruvato va cchiù 'e nu parentato.
A true and tested friend is worth more than an entire family.
Amico provato vale più di un parentado.

LI' amico è ccomm' ô mbrello: quanno chiove nun t' 'o truove maje.
A friend Is like an umbrella: when it rains, you will never find it.
It is difficult to find a friend when you are in need.
L'amico è come l'ombrello: quando piove non te lo trovi mai.
È difficile trovare un amico in caso di necessità.

Amico cu ttutte, ncunfedenzia cu nnisciuno.
Friend with everyone, intimate with no one.
Friendship with all, heartfelt confidence with no one
Amico con tutti, in confidenza con nessuno.
Amicizia con tutti, senza dare eccessiva confidenza.

LI' ammore nun va truvanno ricchezza.
Love does not seek riches.
L' amore non va cercando ricchezza.

LI' ammore nun s'accatta e nun se venne.
Love can't be bought or sold.
L' amore non si compra e non si vende.

Proverbs/Proverbi: A

Ammore 'e mamma nun te nganna.
A mother's love never cheats you.
Amore di mamma non t' inganna.

LI' ammore è ccomm' 'o ffuoco, guaje a cchi ce pazzea.
Love is like fire, woe to him who fools around with it.
L' amore è come il fuoco, guai a chi ci scherza.

Ammore verace s'appicceca e ffa pace.
True love quarrels and then makes peace.
Il vero amore litiga e (poi) fa la pace.

LI' acqua vo' 'a pennenza e ll' ammore vo' 'a speranza.
Water needs a slope to run down and love needs hope (of being reciprocated).
L'acqua vuole la pendenza (per scorrere) e l' amore vuole la speranza (di essere corrisposto).

Quatto aprilante juorne quaranta.
April 4rth forty days.
April 4rth (with bad weather) 40 days (of bad weather).
Quattro aprile giorni quaranta.
4 aprile cattivo, 40 giorni di tempo cattivo.

Arbere e ffiglie s' adderezzano sulo quanno so' piccerille.
Trees and children can be straightened only when they are small.
Alberi e figli si raddrizzano solo quando sono piccoli.

Meglio na vota arrussì ca ciento mpallidì.
Better to blush once than to turn pale (with shame) a hundred times.
Meglio arrossire una volta che impallidire (di vergogna) cento volte.

Ognuno a ll' arte soja.
Each one to his art.
To each his own craft.
Ognuno alla sua arte.
Ad ognuno il suo mestiere.

Astipa ca truove.
Store it and you will find it.
Put it away (in its place) and you will find it.
Conserva che trovi.
Mettilo a posto e lo troverai.

Proverbs/Proverbi: A

'A atta, pe gghì 'e pressa, facette 'e figlie cecate.
A cat in a hurry will give birth to blind kittens.
The more you hurry, the less you accomplish.
La gatta, per la fretta, fece (partorì) i figli ciechi.
(una gatta frettolosa fa i figli ciechi)
Più si ha fretta, meno si realizza.

Quanno 'a atta nun ce sta 'e surece abballano.
When the cat is away the mice will play.
When the boss is away the workers are doing whatever they want.
Quando la gatta non c' è i topi ballano.
Quando manca il capo i dipendenti fanno il proprio comodo.

'A atta quanno nun po' arrivà ô llardo, dice ca fete.
When the cat can't reach the lard, she says that it smells.
When people can't get something, they say it's bad anyway.
La gatta quando non può arrivare al lardo, dice che puzza.
Se non si può ottenere una cosa, si dice che non è buona.

LI' aucielle s' apparano ncielo e 'e chiaveche nterra.
The birds get together in the sky and the riffraff gets togheter on the ground.
Similar people are with their own kind.
Gli uccelli si uniscono in cielo e le persone spregevoli a terra.
I simili stanno con i simili.

A autaro sgarrupato nun s'appicciano cannele.
No candles should be lit on a ruined altar.
No compliments should go to old women.
Ad altare demolito non si accendono candele.
Alle donne ormai anziane non si fanno moine.

LI' avaro è ccomm' 'o puorco, bbuono sulo doppo muorto.
The miser is like the pig, good only after his death.
L' avaro è come il porco, buono solo dopo morto.

'A rrobba 'e II' avaro s' 'a magna 'o sciampagnone.
The riches of the miser will be enjoyed by the spendthrift
La roba dell' avaro se la mangia lo scialacquone.

Proverbs/Proverbi: A

LI' avvocato ha dda essere mbruglione.

A lawyer must be a trickster.

The wily lawyer finds legal quibbles and astute arguments to absolve the crimes of his client.

L'avvocato deve essere imbroglione.

L'avvocato esperto con cavilli giuridici e argomentazioni astute riesce a far annullare le colpe dell'assistito.

LI' azione è 'e chi 'a fa e nun 'e chi 'a riceve.

The (bad) action rests with the person who did it and not with the one at the receiving end.

La (cattiva) azione è di chi la fa e non di chi la riceve.

P.Bello L.Clark M.T.Fedele

Proverbs / Proverbi: B

Mentre 'a bbella se pretenne, 'a bbrutta s'ammarita.
While the good-looking woman puts on airs, the ugly one gets married.
Mentre la bella se la pretende, la brutta si marita.

'A bbella 'e ciglia tutte 'a vonno e nnisciuno s' 'a piglia.
Everyone wants to flirt with the beautiful woman (lit.of beautiful eyelashes),
but nobody wants to marry her.
Everybody desires a beautiful woman, but as far as marrying her, nobody
wants to face the risks and problems she might cause.
La bella di ciglia tutti la vogliono e nessuno se la piglia.
Spesso la donna molto bella è desiderata da tutti ma nessuno la sposa per i
possibili rischi e occasioni di infedeltà.

Chi nasce bbella nun nasce puverella.
The woman who is born beautiful is not born poor.
A beautiful woman is never poor.
Chi nasce bella non nasce povera.
La bellezza per una donna è una grande risorsa.

Pigliatella bbella e ccoccate pe tterra.
Marry a beauty and you will end out on the ground.
Marry a beautiful woman and you will have plenty of trouble on your hands.
Prenditela bella e coricati per terra.
Prenditi una donna bella, ma sarai pieno di problemi.

Chi fa bbene ha dda essere acciso.
He who does good actions must be killed (because his good actions will not be
recognized).
Chi fa del bene deve essere ucciso (in quanto il bene spesso non viene
riconosciuto).

'O bbene tanto se canosce, quanno se perde.
As soon as happiness is recognized, it is often lost.
Il bene allora si conosce (apprezza) quando si perde.

Fa' bbene e scorda, fa' male e ppenza.
Do good deeds and forget them, do evil things and remember them.
Fai(il) bene e scorda, fai (il) male e pensaci.

Proverbs/Proverbi: B

Pigliate 'o bbuono quanno vene, ca 'o mmalamente nun manca maje.

Take good things when they come your way because evil things will always come around.

Take advantage of the right time when it comes, because bad moments will inevitably follow.

Pigliati il buono quando viene che il male non manca mai.

Approfitta del momento buono quando viene, perché quello cattivo non manca mai.

Chi nun è bbuono p' 'o rre nun è bbuono manco pe mme.

He who is not good enough for the king is not good enough for me.

He who is not eligible for military service, is not ready for marriage.

Chi non è buono per il re non è buono nemmeno per me.

Chi non è idoneo per il servizio militare non lo è nemmeno per il matrimonio.

'O busciardo ha dda avé bbone cerevelle.

The liar must have good brains (memory).

Il bugiardo deve avere buone cervella (memoria).

Proverbs / Proverbi: C

Ô cafone 'a zappa mmano.
To the peasant, the hoe in the hand.
Each to his own role.
Al cafone la zappa in mano.
A ognuno il suo ruolo.

'O cafone tene 'e scarpe doppie e 'e ccerevelle fine.
The farmer has heavy boots and an astute mind.
Il contadino ha scarpe grosse e cervello fino.

Campa e ffà campà.
Live and let live.
Campa e fai campare.
Vivi e lascia vivere.

'A bbona campana se sente 'a luntano.
A good bell can be heard from a distance.
The fame of a talented person is known even from a distance.
La buona campana si sente da lontano.
La fama di una persona di valore è conosciuta anche a distanza.

Addó nun ce stanno campane nun ce stanno puttane.
Where there are not bells, there are not whores.
Even in towns just big enough to have a bell tower, there are whores.
Dove non ci stanno campane, non ci stanno puttane
Nei centri abitati non troppo piccoli vi sono puttane.

Sentere tutt' e ddoje 'e ccampane.
Pay attention to both bells.
Pay attention to both sides of the argument.
Sentire entrambe le parti in lite.

Cane c' abbaia nun mozzeca.
Dog that barks does not bite.
Who makes a lot of noise rarely hurts anyone.
Cane che abbaia non morde.
Chi urla raramente fa paura.

Rispettà 'o cane p' 'o patrone.
Respect the dog because of its master.
You should respect people because of their superiors (toward whom you could have obligations).
Rispettare il cane per il padrone.
Bisogna rispettare anche chi è sottoposto ad una persona verso cui si hanno obblighi.

Proverbs/Proverbi: C

Nu' scuncecà 'e cane ca dormeno.
Don't disturb sleeping dogs.
Non disturbare i cani che dormono.

'O cane mozzeca sempe 'o stracciato.
The dog always bites the tramp.
Bad luck always befalls poor men.
Il cane morde sempre lo straccione.
Piove sempre sul bagnato.

Â Cannelora: estate dinto e vvierno fora.
Candlemas (February 2): summer is inside and winter outside.
La Candelora (2 febbraio): estate dentro e inverno fuori.

Ogne ccapa è nu tribunale.
Each head is a tribunal.
Everyone has a different opinion, each one judges with his own yardstick.
Ogni testa è un tribunale.
Ognuno ha un' opinione diversa, ognuno giudica col suo metro.

'A capa 'e sotta fa perdere 'a capa 'e coppa.
The head below (the penis) sends the head above for a spin.
Lust can make a man lose his head.
La testa di sotto (il pene) fa perdere la testa di sopra.
L' uomo per l' attrazione sessuale può perdere la ragione.

'A carcioffola s' ammonna a na fronna â vota.
The artichoke is trimmed one leaf at the time.
Well-made things are made with method and order.
Il carciofo va sbucciato ad una brattea alla volta.
Le cose ben fatte si ottengono procedendo con ordine e gradualità.

Carna trista nun ne vo' Cristo.
Christ does not want spoiled meat.
Evil people live long because not even Christ wants them.
Carne trista non ne vuole Cristo.
Le persone malvage vivono a lungo perchè nemmeno Cristo le vuole.

A ccarocchia a ccarocchia Pulecenella accirette 'a mugliera.
With just one knuckle slap at the time Punchinello killed his wife.
Little by little you may cause serious damage.
A colpo di nocca a colpo di nocca Pulcinella uccise la moglie.
Poco alla volta si possono provocare grandi danni.

Proverbs/Proverbi: C

Si 'o carro nun se sedogne, nun cammina.
If the cart is not lubricated, it will not go.
If you don't grease the palm (of the politicians) you will get nothing.
Se il carro non si unge, non cammina.
Se non si corrompe, se non si danno denari non si ottengono favori o agevolazioni.

Â casa c' 'o sole nun trase duttore.
No doctor needs coming to a sunny house.
Alla casa con il sole non entra il dottore.
Il sole in casa evita molte malattie.

Catarro, vino c' 'o carro.
Phlegm, wine with the cart.
Catarro vino con il carro.

Cauro 'e panne maje facette danne.
Warmth of garments will never do harm.
Caldo di indumenti non fece mai danno.

Meglio essere 'o ll' urdemo d' 'e cavalle che 'o primmo d' 'e ciucce.
Better to be the last of the horses that the first of the donkeys.
Meglio essere l' ultimo dei cavalli che il primo degli asini.

A 'o bbuono cavallo nu' lle manca sella.
The good horse nevers lacks a saddle.
A qualified person always finds opportunities.
A buon cavallo non gli manca sella.
Una persona qualificata trova sempre opportunità.

A cavallo jastemmato lle luce 'o pilo.
The coat of a cursed horse remains shiny.
A bad omen might appear like a good one.
A cavallo bestemmiato gli luccica il pelo.
Spesso più una persona viene maledetta, più la sua fortuna va a gonfie vele.

A ccavallo 'e razza nun serve 'o scurriato.
A purebred horse does not need the whip.
A smart person does not need to be pushed (he always knows what he must do).
A cavallo di razza non serve la frusta.
La persona in gamba non ha bisogno di essere spronata, sa da sola ciò che deve fare.

Proverbs/Proverbi: C

Meglio pane e ccepolle â casa soja ca galline e ccunfiette â casa 'e ll' ate.

Better bread and onions at your house than chickens and sugared almonds at another's house.

One's dignity and independence should not be given up for anything.

Meglio pane e cipolla in casa propria che polli e confetti in casa d' altri.

La propria dignità e indipendenza non va barattata con nulla.

'A cerevella è nu sfuoglio 'e cepolla.

A man's brain is thin like the skin of an onion.

A very thin veil separates the healthy brain from the crazy one.

Il cervello è come una sfoglia di cipolla.

La mente è fragile, instabile, complicata, labile, capace di qualsiasi cosa, con niente può perdere il controllo ed essere soggetta ad ogni pazzia.

Chiacchiere e ttabacchere 'e lignamme 'o bbanc' 'e Napule nun 'e mpegna.

The Bank of Naples will not accept chit chats or wooden snuffboxes as collaterals.

Banks do not accept worthless collaterals.

Chiacchiere e tabacchere di legno il banco di Napoli non le accetta in pegno.

La banca non accetta pegni senza valore.

Chi chiagne fott' a cchi rire.

He who cries screws those who laugh.

He who deceives with cries and moans will get what they want at the expense of those who laugh.

Chi piange fotte (frega) chi ride.

Chi piange e si lamenta con malizia ottiene benefici a scapito di chi ride.

Vicin' â cchiesa, luntan' 'a dDio.

Near the church, far from God.

A devout church-goer could be a poor Christian.

Vicino alla chiesa, lontano da Dio.

Na botta ô chirchio e n' ata ô tumpagno.

A shot at the rim and another at the bottom of the barrel.

Work with your best skills to get the best results.

Un colpo al cerchio e un altro al fondo della botte.

Barcamenarsi con perizia per avere il miglior risultato.

Proverbs/Proverbi: C

'O ciuccio 'o pporta e 'o ciuccio s' 'o mmagna.
The donkey carries it and the donkey eats it.
It refers to those who, while being part of the community, don't put their own as-
setts at the disposal of others.
Il ciuco lo porta e il ciuco se lo mangia. Si riferisce a chi, pur stando in comunità,
non mette niente del suo a dispozione degli altri.

Chi nasce ciuccio, ciuccio se ne more.
He who is born a donkey, dies a donkey.
Chi nasce ciuco, ciuco muore.

'A femmena nun se cocca c' 'o ciuccio sulo pecchè straccia 'e llenzole.
The woman will not go to bed with a donkey only because he would tear the
sheets.
When a woman wants to marry, she would be willing to marry a donkey (any fool)
as long as he will not tear the sheets.
La donna non va a letto con l'asino solo perché questo strapperebbe le lenzuola.
La donna pur di maritarsi, sarebbe disposta ad unirsi ad un asino se non
strappasse le lenzuola.

A llavà 'a capa ô ciuccio se perde ll'acqua e 'o ssapone.
If you wash a donkey's head, you waste water and soap.
If you invest with an idiot you lose your money.
A lavare la testa all' asino si perde acqua e sapone.
Ad investire su di un incompetente si perde denaro.

A cchi pazzea c' 'o ciuccio nun lle mancano cauce.
Who plays with a donkey will often get kicked.
Those who keep a bad company will regret it.
A chi gioca con l'asino non gli mancano calci.
Chi frequenta una cattiva compagnia ne paga le conseguenze.

Attacca 'o ciuccio addó vo' 'o patrone.
Hitch the donkey where the master wants it.
Do whatever the boss wants.
Attacca l' asino dove vuole il padrone.
Fai quello che vuole il superiore.

Meglio nu ciuccio vivo ca nu duttore muorto.
Better a live donkey than a dead doctor.
Too much studying will hurt your health: Your good health is much more im-
portant than learning.
Meglio un asino vivo che un dottore morto.
Studiare troppo fa male: la buona salute è molto più importante della scienza.

Proverbs/Proverbi: C

Chi se cocca cu 'e ccriature se sose nfuso.
He who goes to bed with children gets up wet.
He who deals with incompetent people will end out with bad problems.
Chi si corica con i bambini si alza bagnato.
Chi si mette con incompetenti ne paga le conseguenze.

'A cora è ssempe 'a cchiù tosta 'a scurtecà.
The tail is always the hardest to flay.
The final part of an undertaking is always the hardest.
La coda è sempre la più dura da scorticare.
La parte finale di un impegno è sempre la più impegnativa.

Â casa d' 'o mpiso nun parlà 'e corda.
Do not speak of rope in the home of a hanged man.
Do not remind a person of his pain.
A casa dell'impiccato non parlare di corda.
Non risvegliare una pena ad una persona che l' ha sofferta.

Corne 'e sora corne d'oro, corne 'e mugliera corne overe.
To be cuckolded by your sister is golden. (It's OK), but to be cuckolded by your wife is to be a true cuckold.
Le corna di (fatte da) sorella (sono) corna d'oro (portano vantaggi) corna di moglie (sono) corna vere.

Po' cchiù n 'araputa 'e cosce ca n' araputa 'e cascia.
Spreading the thighs (of a woman) achieves more than opening a safe.
Puó più un' apertura di cosce (femminili) che una apertura di cassa(forte).

'A crianza è 'e chi 'a fà, no 'e chi 'a riceve.
Manners are to the credit of the person who has them, not to the person who receives them.
La creanza è di chi la fa, non di chi la riceve.

'A crianza è bbona tridece mise a ll' anno.
Manners are appropriate thirteen months a year.
Good manners are always appropriate.
La creanza è buona tredici mesi l'anno.
La buona educazione è sempre da osservare.

Morta 'a criatura, nun simmo cchiù cumpare.
When the baby (a godson) is dead, we are no longer godparents.
Said when a reason for friendship no longer exists.
Morto il bambino (figlioccio), non siamo più compari.
Si dice quando è venuto a mancare il motivo di un legame di amicizia.

Proverbs/Proverbi: C

Criature allesse, giuvinotte 'a fessa e vviecchie 'a messa.
For the children boiled chestnuts, for young men the pube (sex) and for old people the Mass.
To each age its appropriate things.
(Ai) bambini castagne cotte, (ai) giovani la vagina (il sesso) ed (ai) vecchi la messa. A ciascuno le cose della sua età.

Una vota passa Cristo nnanz' â casa.
Christ passes in front of each house only once.
Take the opportunity when it comes.
Una sola volta Cristo passa davanti casa.
Cogli l'occasione quando arriva.

A ogne ccasa nce ha dda stà na croce.
Every house must have a cross.
Every house will have troubles sooner or later.
In ogni casa ci deve stare una croce.
In ogni casa i guai non mancano mai.

Ogne altare tene na croce.
Every altar has a cross.
Everybody must deal with their own troubles.
Ogni altare ha una croce.
Ognuno deve portare la sua croce.

'O ccumannà è mmeglio d' 'o ffottere.
Being the boss is better than making love.
Comandare è meglio che fottere (fare sesso).

Chi cumanna nun suda.
Who commands does not sweat.
Chi comanda non suda.

Vale cchiù uno a ffà, ca ciente a ccumannà.
One person who does something is worth more than one hundred people who give orders.
Vale più uno a fare che cento a comandare.

'A cunferenza è ppadrona d' 'a mala crianza.
Familiarity breeds contempt and bad manners.
La confidenza è padrona della cattiva creanza.
La troppa confidenza, porta alla maleducazione.

Doppo 'e cunfiette veneno 'e difiette.
Right after the sugared almonds (wedding treats) all sort of problems will crop up.

Dopo i confetti (del matrimonio) vengono i difetti.

Proverbs/Proverbi: C

Quanno 'a cunnimma è ppoca, se ne va p' 'a tiella.
When the seasoning is scarce, it remains in the pan (without dressing the food)
Without sufficient means you will achieve nothing.
Quando il condimento è poco, se ne va per il tegame (senza condire il cibo)
Senza i mezzi sufficienti non si ottengono risultati.

'A cuntentezza vene d' 'o core.
Happiness comes from the heart.
Don't brood, be happy.
La contentezza viene dal cuore.
La contentezza viene dall' animo e non dal cervello.

Nun dà cunziglie a cchi nun te ll' ha cercate; nun ghì int' â casa addó nun sî cchiammato.
Don't give advice to anyone who didn't ask; don't go in a house where you are not invited.
Non dare consigli a chi non te li ha chiesti; non andare nella casa dove non sei chiamato.

Tutt' 'e cunziglie lassa e ppiglia ma 'o tujo nun ll' he 'a lassà.
Take or ignore everybody's advice but don't ignore your own.
Tutti i consigli lascia o piglia ma il tuo non lo devi lasciare.

'E meglie cunziglie songo chille ca nun se pavano.
The best advices are the ones that you don't pay (they are disinterested).
I migliori consigli sono quelli che non si pagano (in quanto sono disinteressati).

Quatto cose ô munno ca fanno cunzulà: 'a femmena, ll' argiamma, 'o suonno e 'o mmagnà.
Four things in the world will give you comfort: women, money, sleep and food.
Quattro le cose al mondo che fanno consolare: la donna, il denaro, il sonno ed il mangiare.

Cuorve e ccuorve nun se cecano ll'uocchie.
One raven will not blind another raven.
Accomplices in crime will not harm each other.
Corvi e corvi non si accecano gli occhi.
I compagni di malefatte non si danneggiano tra loro.

'O curnuto è ll'urdemo a ssapé.
The cuckold is the last one to know.
Il cornuto è l'ultimo a sapere.

18

Proverbs / Proverbi: D

Senza denare nun se cantano messe.
Masses are not celebrated without money.
You don't get anything without money.
Senza denari non si cantano messe.
Senza soldi non si fa niente.

Chi tene denare campa felice, chi nun 'e ttene va ncul' a ll' amice.
If people have money they will live happily, if they don't they will steal from their friends (lit. they will fuck their friends).
Chi ha denaro campa felice, chi non li tiene va nel culo (frega) agli amici.

Mpresta denare e ffatte nemice.
Lend money and you will make enemies.
Presta denaro e ti fai nemici.

Denare 'e juoco comme veneno accussì se ne vanno.
A gambler's money goes as easily as it comes.
Denari di gioco come vengono così se ne vanno.

'E vere amice so' 'e denare.
Money is the only true friend.
I veri amici sono i denari.

'E denare vanno cu ll' ati denare.
Money actracts more money.
I denari vanno con gli altri denari

'E denare fanno venì 'a vista ê cecate.
Money gives sight to the blind.
I soldi fanno venire la vista ai ciechi.

Chi cammina deritto, campa afflitto.
Lit. He who walks straight (Who is too honest), lives badly.
Chi cammina diritto vive afflitto.
Spesso l' onesto vive in ristrettezze.

Quanno 'o diavulo t' accarezza, vo' ll' anema.
When the devil caresses you (tempts you), he wants your soul.
Quando il diavolo ti accarezza (tenta), vuole l'anima.

Na cosa è ssapé dicere e na cosa è ssapé fà.
One thing is knowing what to say and another thing is knowing what to do.
Una cosa è saper dire e una cosa è saper fare.

Proverbs/Proverbi: D

A ddicere so' ttutte capace, 'o ddefficile è a ffà.
Everyone can talk, the difficult thing is to act.
A dire sono tutti capaci, il difficile è fare.
Fra il dire e il fare c' è di mezzo il mare.

Sulo dDio è nnicessario.
Only God is necessary.
Solo Dio è necessario.

Aiutate ca dDio t'aiuta.
God helps those who help themselves.
Trust on your own strength and the help of God.
Aiutati che Dio ti aiuta.
Confida sulle tue forze e l' aiuto di Dio.

Dint' a n'ora dDio lavora.
God's job is an hour's work.
God makes in an hour that has not happened in years.
In un' ora Dio lavora.
Dio fa in un'ora quel che non è successo per anni.

'E ditte antiche nun fallisceno maje.
The ancient proverbs never fail.
I detti antichi non falliscono mai.

Quanno dduje se vonno, ciento nun ce ponno.
When two people want to marry, not even a hundred people can stop them.
Quando due si vogliono, cento non possono (impedirne l'unione).

Proverbs / Proverbi: E

Chi addimanna nun fa <u>errore</u>.
People who ask don't make mistakes.
Chi domanda non fa errore.

Cu ll' <u>evera</u> molla, ognuno s'annetta 'o culo.
Everyone wipes his ass with soft grass.
The meek are under the thumb of the bullies.
Con l' erba molle, ognuno si pulisce il culo.
Le persone miti sono succube dei profittatori.

'A mal' <u>evera</u> subbeto cresce.
Weeds grow way too fast.
L' erba cattiva subito cresce.

P.Bello L.Clark M.T.Fedele

Proverbs / Proverbi: F

Faccia tosta campaje e ffaccia moscia murette.
An arrogant person (lit. face) lived and a timid person (lit. limp face) died.
The brave go forward and the cowards die.
Faccia tosta visse e faccia moscia (timida) morì.

'A famma fa ascì 'o lupo d' 'o vuosco.
Hunger pushes the wolf out the woods.
Need will drive you to do anything.
La fame fa uscire il lupo dal bosco.
Il bisogno spinge a qualunque cosa.

'A famma nun tene suonno.
Hunger never sleeps.
The needs are always a torment.
La fame non ha sonno.
Il bisogno assilla sempre.

'O bbuono fatecatore nun se more maje 'e famme.
A good worker never dies of hunger.
Il buon (volenteroso) lavoratore non muore mai di fame.

Chi fatica magna, chi nun fatica magna e vveve.
Who works eats, and who doesn't work eats and drinks.
Those who work honestly make do with little money to spare, while those who behave dishonestly have all the money they want.
Chi fatica mangia, chi non fatica mangia e beve.
Chi lavora onestamente vive senza scialare, mentre chi fa attività disoneste vive nell' abbondanza.

Ogne fatica cerca premmio.
Every job expects a compensation.
Ogni fatica cerca premio.
Ogni lavoro va ricompensato.

A cchi te dice 'e fatte 'e ll' ate nu' ddicere 'e fatte tuoje.
Don't tell your affairs to those who tell you the affairs of others.
A chi ti dice i fatti degli altri non dire i fatti tuoi.

Frevaro curto e amaro.
February short and bitter.
Febbraio corto ed amaro.

Proverbs/Proverbi: F

Quanno 'na <u>femmena</u> s'acconcia 'o quarto 'e coppa, vo' affittà chillo 'e sotto.
When a woman adorns the upper part (of the body), she wants to rent the part below (she is looking for a partner or husband).
Quando una donna agghinda la parte superiore (del corpo), vuole affittare quella di sotto (ad amanti o eventuale marito).

'A <u>femmena</u> è ccomme all'onna: o te sulleva o t'affonna.
The woman is like a wave: she either raises you or drowns you.
La donna è come l'onda: o ti solleva o ti affonda.

Vicin' 'a sissantina, lassa 'a <u>femmena</u> e ppiglia 'a cantina.
When you approach the age of sixty, leave the woman and go to the wine shop (resort to drinking wine).
Vicino alla sessantina (ai sessant'anni), lascia la femmina e piglia la cantina (ripiega sul vino).

'A <u>femmena</u> è ccomm' 'o tiempo 'e marzo: mo t'alliscia e mmo te lassa.
Women are like the weather in March: they coddle you a little, and then they leave you.
Women are fickle.
Le donne sono come il tempo di marzo: ora ti allisciano e ora ti lasciano.
Le donne sono volubili.

'A <u>femmena</u> senza pietto è nu stipo senza piatte.
Flat-chested women are like a kitchen cabinet without dishes.
La donna senza petto è come una credenza senza piatti.

Chi 'a <u>femmena</u> crere, paraviso nun vere.
Those who believe in women will not see heaven.
Whoever believes in women will not find happiness.
Chi crede alle donne paradiso non vede.
Chi crede nelle donne non trova felicità.

'E <u>femmene</u> oneste una nce ne steve e addiventaje Maronna.
There has been only one honest woman and she became the Madonna.
Di femmine oneste una sola ce n'era e diventò Madonna.

Chi se mette appaura, nun se cocca cu 'e f<u>femmene</u> bbelle.
Fearful men will not go to bed with beautiful women.
If you want to be successful, you must take risks.
Chi ha paura, non si corica con le donne belle.
Se vuoiavere successo, devi correre dei rischi.

Proverbs/Proverbi: F

Femmene e ggravune: stutate tegnono e appicciate coceno.
Women and coal: cold they smear you and hot they burn you.
Donne e carboni: spenti tingono e accesi bruciano.

Tira cchiù nu pilo 'e fessa ca nu carro 'e voje.
Pubic hair pulls more weight than an ox-pulled wagon.
Said to explain the power of female seduction.
Tira più un pelo di vulva che un carro di buoi.
Si dice per denotare la potenza della seduzione femminile.

Senza 'e fesse 'e diritte nun camparriano.
Without idiots, astute men will not survive.
Senza i fessi i diritti non camperebbero.

Dicette 'o cafone: una vota me fai fesso.
The peasant said: you swindle me only once.
You learn from your mistakes.
Disse il cafone: una sola volta mi fai fesso.
Sbagliando si impara.

'O cavallo zuoppo e 'o ciuccio viecchio, morono â casa d''o fesso.
The lame horse and the old donkey die in the house of the fool.
The fool is short-sighted and gets what's coming to him.
Il cavallo zoppo e l'asino vecchio muoiono in casa del fesso.
Lo sciocco è imprevidente e ne subisce le conseguenze.

Meglio na festa ca tante festicciolle.
One (big) party is better than many little ones.
It is better to enjoy life to the full once than to have just a little fun many times.
Meglio una (grande) festa che tante festicciuole.
E' meglio godere pienamente una sola volta che divertirsi moderatamente molte volte.

Vatte 'o fierro quanno è ccauro.
Strike the iron while it is hot.
Act when the moment is right.
Batti il ferro quando è caldo.
Opera quando è il momento buono.

'A chi nun tene figlie nun ghì nè pe ddenare nè pe ccunziglie.
Don't ask money or advice from those who don't have children.
Who doesn't have children has no idea of the problems and needs of others.
Da chi non ha figli non andare né per denaro né per consigli.
Chi non ha figli non è in grado di comprendere i problemi e le necessità altrui.

Proverbs/Proverbi: F

'A tonaca nun fa 'o monaco, 'a chiereca nun fa 'o preveto, nè 'a varva fa 'o feloseco.

The cassock doesn't make the monk, the tonsure doesn't make the priest nor does the beard make the philosopher.
Appearances will often deceive you.
La tonaca non fa il monaco, la tonsura non fa il prete né la barba fa il filosofo.
L' apparenza spesso inganna.

Figlie piccerille guaie piccerille, figlie gruosse guaie gruosse.

Small children, small troubles; adult children, big troubles.
Figli piccoli guai piccoli, figli grandi guai grandi.

'E figlie spusate so' ppariente luntane.

Married children are distant relatives.
I figli sposati sono parenti lontani.

'O friddo 'e bbuone 'e scutulea, 'e malamente 'e ncarrettea.

Cold weather shakes healthy people, and puts sick people in the cart (of the dead).
The cold brings illness to healthy people, takes away (to the other world) sick people.
Il freddo i buoni li scuote, i malati li carica sulla carretta (dei morti).
Il freddo fa ammalare chi è sano in salute, porta via (all'altro mondo) i malfermi.

Chi avette fuoco campaje e cchi avette pane murette.

Who had fire lived, but who had bread died.
Cold kills more than hunger.
Chi ebbe fuoco sopravvisse e chi ebbe pane morì.
Il freddo uccide più della fame.

Quann' 'a furmicula mette 'e scelle, vo' murì.

When the ant puts wings on, she wants to die.
People who want to overreach themselves, end badly.
Quando la formica mette le ali, vuol morire.
Chi vuol fare cose al di sopra delle sue possibilità finisce male.

Proverbs / Proverbi: G

'E ggalere so' cchiene 'e ggente ca tene raggione.
The jails are full of people who insist they are right.
All inmates insist they are innocent.
Le galere sono piene di gente che ha ragione.
Tutti i carcerati si dichiarano innocenti.

Cu ttante galle a ccantà, nun schiara maje juorno.
When too many roosters crow, the new day will never come.
When too many people keep making decisions, they conclude nothing.
Con tanti galli a cantare, non fa mai giorno.
Con troppi a decidere non si approda a niente.

'A gallina se spenna roppo accisa.
We pluck the hen after she is killed.
Referring to people who want their inheritance ahead of time.
La gallina si spenna dopo che è stata uccisa.
Non si deve prematuramente pretendere il possesso di beni che saranno ereditati.

'A ggente è ccomme 'o culo: parla sempe pe dderete.
People are like their ass: they always talk from behind.
La gente è come il culo: parla sempre da dietro.

Gente allera dDio ll' aonna.
God favors happy people.
Gente allegra Dio la fa prosperare.

A gghiennere e nnepute chello ca faje è ttutto perduto.
Whatever you do for sons in law and nieces and nephews is invariably lost.
All the care for sons-in-law and nieces and nephews is wasted.
A generi e i nipoti quello che fai è tutto perduto.
Tutte le attenzioni per generi e nipoti sono sprecate.

Giacchino mettette 'a legge e gGiacchino fuje mpiso.
Joachim (Murat) issued the law and Joachim was hanged (i.e. Joachim Murat was hanged in execution of a law issued by himself).
He, who produced the cause of his injury, can blame only himself.
Gioacchino (Murat) fece la legge e Gioacchino fu impiccato (cioè Gioacchino Murat fu impiccato in attuazione di una legge da lui stesso emanata).
Chi ha prodotto la causa del proprio danno dovrà prendersela esclusivamente con sé stesso.

Capille e gguaje nun mancano maje.
Hair and troubles are always there.
Capelli e guai non mancano mai.

Proverbs/Proverbi: G

'E guaje veneno 'a pe lloro.
Troubles come by themselves.
I guai vengono da loro.
I guai vengono da sé stessi.

Primma 'e guardà annante, votate areto.
Before you look forward, look backward.
Before you try to do as well as people who are better off than you, turn around to look at the people who are worse off than you.
Prima di guardare avanti, voltati indietro.
Prima di voler raggiungere chi sta meglio di te, voltati a guardare chi sta peggio di te.

Guardate 'a tre c: cainate, cumpare e ccuggine.
Beware of three c: cainate (brothers-in-law), cumpare (best men) and cousins: they can flirt with your wife.
Guardati da tre c: cognati, compari e cugini:
ti possono insidiare la moglie.

Ntiempo 'e guerra ogne spito è spada.
In wartime each spit is a sword.
In difficult times you make do with anything you got.
In tempo di guerra ogni spiedo é una spada.
In tempi difficili ci si arrangia con qualunque cosa.

Addò c'è gusto nun ce sta perdenza.
Where there is pleasure, there is no loss.
If you like something you don't care about the money.
Dove c' è gusto non c'è perdita.
Se una cosa piace non si bada a spese per averla.

Proverbs / Proverbi: H

Chi nun ha nun è.

Who has nothing does not exists (is a nobody).
Chi non ha non è.
Chi non possiede niente non è nessuno.

P.Bello L.Clark M.T.Fedele

P.Bello L.Clark M.T.Fedele

Proverbs / Proverbi: I

Ogne <u>mpedimento</u> è ggiuvamento.

Every obstacle can be turned into an advantage.
Often an obstacle can prevent a greater damage.
Ogni impedimento è giovamento.
Spesso un ostacolo impedisce un danno maggiore.

P.Bello L.Clark M.T.Fedele

Proverbs / Proverbi: L

A cchiagnere nu muorto so' llacreme perze.
To mourn a dead person is a waste of tears.
No point in grieving for the dead, it will not bring them back.
A piangere un morto sono lacrime perdute.
La disperazione per un morto è inutile, non puó ridargli la vita.

Tanta vote va 'a lancella dinto ô puzzo nzì che nce resta 'a maneca.
The bucket goes down the well so many times that all is left is the handle.
You should never overdo anything.
Tante volte va il secchio nel pozzo fino a che ci resta il manico.
Non si deve mai strafare.

Ogne llassata è pperduta.
Opportunities not taken are opportunities lost.
Ogni (occasione) lasciata è perduta.
Ogni occasione non colta è perduta.

Na mana lava ll' ata e ttutt' e ddoje lavano 'a faccia.
A hand washes the other and both wash the face.
It is best to help each other rather than acting alone.
Una mano lava l'altra e tutte e due lavano la faccia
Con il reciproco aiuto si ottengono risultati superiori a quelli realizzabili operando singolarmente.

'A lengua muta è mmale servuta.
The silent tongue is poorly served.
He who is shy and silent is ignored.
La lingua muta è mal servita.
Chi è timido e silenzioso è mal servito.

Accide cchiù 'a lengua c' 'a spata.
The tongue kills more often than the sword.
Uccide più la lingua (una maldicenza) che la spada.

A lietto astritto, cuccate mmiezo.
In a narrow bed, place yourself in the middle.
In difficult situations act the best you can.
Letto stretto, coricati in mezzo.
Nelle situazioni difficili arrangiati alla meglio.

Proverbs/Proverbi: L

Acqua santa e tterra santa pure lota fanno.
(Mixing) holy water and holy soil makes mud anyway.
Putting together two good persons or two good things can still end out badly.
Acqua santa e terra santa (mischiati) pure melma fanno.
Lo si dice a proposito dell'unione di due individui o due cose buone che producono risultati dannosi.

'A lucerna senz' uoglio se stuta.
A lantern without oil goes out.
Feelings should be always nourished.
La lucerna senz' olio si spegne.
I sentimenti vanno sempre alimentati.

'O lupo nun se magna 'o lupo.
A wolf does not eat another wolf.
Il lupo non mangia il lupo.

Proverbs / Proverbi: M

Chi magna sulo s'affoga.
Who eats alone (who wants everything for himself) ends out choking (lit. drowns).
Chi mangia da solo (chi vuole tutto per sé) si strozza.

Addó magnano duje, ponno magnà pure tre.
Where two can eat, three can also eat.
Dove mangiano due possono mangiare anche tre.

Quanno 'o malanno vo' venì trase p' 'e ssenghe d' 'a porta.
When sickness wants to get in, it comes through the slits in the door.
Quando il malanno vuol venire entra per le fessure della porta.

Ntiempo 'e malatia e ccarcere se canosceno ll'amice.
You will know your (real) friends in times of illness and imprisonment
You will know who your friends are during bad times.
In tempo di malattia e di carceri si conoscono gli amici
Gli amici si conoscono nelle disgrazie.

'E mmalatie veneno a ccavallo e se ne vanno a ppere.
Sickness comes on horseback and goes away on foot.
Le malattie vengono a cavallo e se ne vanno a piedi.

Meglio disperato ca malato.
It's better to be desperate (for lack of money) than to be sick.
Meglio disperato (per mancanza di soldi) che malato.

Chi vo' 'o mmale 'e ll' ate 'o ssujo sta aret' 'a porta.
Who wants to bring grief to others, will have his own (hidden) behind the door.
Chi vuole il male degli altri il suo sta dietro alla porta.

Male e bbene 'a fine vene.
Good and evil eventually come to an end.
Everything passes, good and evil alike.
Male e bene la (loro) fine viene.
Tutto passa: sia il male sia il bene finiscono.

Malo chi cade e vva truvanno aiuto.
Unhappy is the one who falls and must look for help.
Malo (povero) chi cade e va in cerca di aiuto.

Na mamma è bbona pe cciente figlie ma ciente figlie nun so' bbuone pe na mamma.
A mother will be good for 100 children but 100 children are not enough for one mother.
Un mamma è buona (sufficiente) per cento figli ma cento figli non bastano per una mamma.

Proverbs/Proverbi: M

Mamma, denare e ggiuventù se chiagneno quanno nun ce stanno cchiù.
People will cry for their mother, money and youth, but only after they are all gone.
Mamma, denaro e gioventù si piangono quando non ci sono più.

'O figlio muto 'a mamma 'o ntenne.
The mother understands her dumb child.
No one can understand a child, even if mute, like its mother.
Il figlio muto la madre lo capisce.
Nessuno sa comprendere il figlio, anche se muto, come una madre.

Pe mmare nun ce stanno taverne.
Over the sea there are no taverns.
Do not get into dangerous situations that offer no escape.
Per mare non ci stanno taverne.
Non mettersi in situazioni pericolose che non offrono scampo.

Chi se mette pe mmare ha dda sapé primma natà.
Who wants to go across the sea, must first learn how to swim.
Chi si mette per mare deve saper prima nuotare.

Chi va pe cchisti mare, chisti pisce piglia.
If you row in these waters, you will catch these fishes.
You must accept the consequences for the choices you make. You harvest what you sow.
Chi va per questi mari questi pesci piglia.
Chi fa certe scelte deve poi accettarne le conseguenze, si raccoglie cioè ciò che si semina.

'O bbuono marito fa 'a bbona mugliera.
A good husband makes a good wife.
Il buon marito fa la buona moglie.

Marito geluso more curnuto.
A jealous husband dies a cuckold.
Marito geloso muore cornuto.

Tanto è mmariuolo chi arrobba quanto chi tene 'o sacco.
The one who steals and the one who holds his bag are both thieves.
Tanto è ladro chi ruba quanto chi tiene il sacco (è complice).

Quanno si ncunia statte, quanno si mmartiello vatte.
When you are the anvil, don't you move, when you're the hammer, hit.
When your time comes, go for it.
Quando sei incudine statti, quando sei martello batti.
Quando arrriva il tuo momento agisci.

Proverbs/Proverbi: M

Marzo 'e bbuone 'e tuculea, e 'e tuculiate s' 'e ccarrea.

March disturbs the good (healthy) people and takes away the shaken (sick) people.

Marzo scuote i buoni (in salute) e gli scossi (malati) se li porta (all' altro mondo).

'O masto è mmasto, ma 'o patrone è ccapomasto.

The craftsman is the craftsman, but the boss is the master builder.

(Even if the craftsman is an expert, the customer is the one who decides).

Il mastro è mastro, ma il padrone è il capomastro.

Anche se il mastro è bravo è sempre il committente che decide.

Masto a uocchie, masto 'e papocchie.

A master craftsman who approssimates (by sight), is a master of botches.

A master craftsman, who works by approximation, makes a mess of his work.

Mastro a occhi, mastro di pasticci.

Mastro, che lavora ad occhio, combina pasticci.

O' meglio masto è cchillo ca porta 'e sorde â casa.

The best craftsman is the one that brings home the money.

The ability of a craftsman to collect his money is more important than his manual skill.

Il migliore mastro è quello che porta i soldi a casa.

La capacità di un artigiano di farsi pagare è più importante della sua bravura manuale.

Na bbona matenata fa bbona 'a jurnata.

A good morning is followed by a good day.

A good start will bring us good work.

Una buona mattinata fa buona la giornata.

Un buon inizio porta al compimento di un buon lavoro.

'O matremmonio se fa cu 'e cunfiettee nno cu' 'e fficusecche.

A wedding is celebrated with sugared almonds and not with dried figs.

You need money to accomplish important things.

Il matrimonio si fa con i confetti e non con i fichi secchi.

Non è possibile fare cose importanti senza soldi.

Mazze e ppanelle fanno 'e figlie bbelle, panelle senza mazze fanno 'e figlie pazze.

A big stick and bread make beautiful children. Bread without punishment makes bad children.

Good children need love and discipline (modern psycology has rediscovered this fact).

Mazze e pagnotte fanno i figli belli, pagnotte senza mazze fanno i figli deviati.

Punizioni e affetto fanno i figli buoni, massima che la psicologia ha riscoperto.

Proverbs/Proverbi: M

Dopp' 'a prova se canosce 'o mellone.
You recognize the melon after a taste.
People are evaluated after they have been put to the test.
Dopo la prova si conosce il melone.
Le persone sono valutate dopo averle messe alla prova.

'A bbona mercanzia trova priesto a gghì pe n' ata via.
The good merchandise soon finds its way out of the store.
The good stuff is easily sold.
La buona mercanzia trova presto ad andare per un altra via.
La roba buona facilmente si piazza.

Addò trase 'o sole nun trase 'o miereco.
(In a house) where the sun enters, the doctor will never enter.
(Nella casa) dove entra il sole non entra il medico.

S' ha dda jí add' 'o patuto, no add' 'o miereco.
You have to go to the patient, not to the doctor (to know how to deal with sickness).
The practice of medicine is more important than its theory.
Bisogna andare dal paziente, non dal medico (per sapere come affrontare un male).
La pratica vale piú della medicina teorica.

Astipat' 'o milo pe qquanno te vene 'a sete.
Save the apple for when you get thirsty.
Put away what you will need later.
Conservati la mela per quando ti viene sete.
Conserva per quando ci sarà bisogno.

Nun credere ô santo, si nun hê visto 'o miraculo.
Do not believe the saint if you have not seen the miracle.
Non credere al santo se non hai visto il miracolo.

'A miseria vo sfoco.
Misery needs an outlet.
Poor people want to get away from their miserable existence with a little fun.
La miseria vuole uno sfogo.
I poveri vogliono interrompere la loro triste condizione con qualche divertimento.

Meglio essere digno 'e mmidia ca 'e cumpassione.
It's better to elicit envy than compassion.
Meglio essere degno d' invidia che di compassione.

È mmeglio 'a mmiria c' 'a pietà.
Envy is better than pity.
È meglio l' invidia che la pietà.

Proverbs/Proverbi: M

'O monaco tene nu vraccio curto e n' atu luongo.
The monk has one short arm (to give something) and a long one (to get something).
Il monaco ha un braccio corto (per dare) e un altro lungo (per avere).

Morte desiderata nun vene maje.
A longed-for death never comes.
(If you want to die, you will wait a long time)
Morte desiderata non viene mai.

'A morte a cchi acconcia e a cchi sconceca.
Death does favors to some and does damage to others.
Some people are favored by death (of a relative or other person) and some others are damaged.
La morte chi aggiusta e chi danneggia.
C'è chi è favorito dalla morte (di un parente o altra persona) e chi invece è danneggiato.

'A morte nun guarda nfaccia a nnisciuno.
Death doesn't look at anybody in the face.
Death does not have favorites.
La morte non guarda in faccia a nessuno.
La morte non fa preferenze.

'A morte nun tene crianza.
Death has no manners.
Death has no respect for anyone.
La morte non ha creanza.
La morte non ha riguardo per nessuno.

'A morte va truvanne accasione.
Death is looking for an opportunity.
Death seeks every occasion to move in.
La morte va trovando l' occasione.
La morte cerca solo l'occasione per agire.

'A sciorta e 'a morte stanno adderet' 'a porta.
Luck and death are behind the door.
Luck and death are unpredictable.
La sorte e la morte stannno dietro la porta.
La sorte e la morte sono imprevedibili.

Na cosa è pparlà 'e morte e n 'ata è a mmurì.
One thing is to talk about death and another thing is to die.
Una cosa è parlare di morte e un' altra cosa è morire.

Proverbs/Proverbi: M

Se pigliano cchiú mmosche cu na goccia 'e mele, ca cu na votta 'e acito.
You take more flies with a drop of honey than with a barrel of vinegar.
Good manners will give you better results than bad manners.
Si prendono piú mosche con una goccia di miele che con una botte di aceto.
Con le buone maniere si otttengono migliori risultati che con quelle cattive.

Nisciuno è nnato mparato.
Nobody is born already educated.
Nobody can do without learning.
Nessuno è nato istrutito.
Nessuno può fare a meno dell' apprendimento.

Ogne mpedimento è ggiuvamento.
Every obstacle helps.
Not every damage is meant to harm.
Ogni impedimento è giovamento.
Non tutti i mali vengono per nuocere.

Cu nu sí te mpicce e ccu nu no te spicce.
A yes will put you in the middle of the mess and a no will get you out of it.
Con un sí ti impicci e con un no ti sbrighi.
Dicendo si ti coinvolgi e ti puoi mettere in fastidi, dicendo no eviti ogni seccatura.

Chi se mpiccia resta mpicciato.
Who gets into a mess remains in the mess.
Chi si impiccia rimane impicciato.

Chi mpresta se fa nnemmice.
He who lends (money) makes enemies.
You can antagonize your debtors with your requests of repaying the loan.
Chi presta si fa nemici.
Si inimica cioè i debitori sollecitando la restituzione del prestito.

Tre ccose nun s' hann' 'a maje mprestà: libbre, denare e mmugliera.
Three things you should never lend: books, money and a wife.
Tre cose non si devono mai prestare: libri, danari e moglie.

'A mugliera è mmiezo pane.
A wife is half a loaf of bread.
A good wife takes good care of the family's economy.
La moglie è mezzo pane.
Una buona moglie sostiene validamente l' economia della famiglia.

Proverbs/Proverbi: M

Na **mugliera** mpicciosa è ppeggio 'e nu diebbeto.
A bitchy wife is worse than a debt.
Una moglie permalosa è peggiore di un debito.

Mugliera ggiovane e vvino viecchio.
Young wife and aged wine.
Moglie giovane e vino vecchio.

Chi nun sta int' ô **mulino** nun se nfarina.
Who doesn't work in the mill does not get flour all over himself.
Those who are not resourceful get nothing.
Chi non sta nel mulino non si infarina.
Chi non è intrapendente non ottiene nulla.

Accussì va 'o **munno**, chi nata e cchi va a ffunno.
So the world goes: some swim and some sink.
In the world there are those who succeed and those who fail.
Così va il mondo, chi nuota e chi va a fondo.
Al mondo c'è chi riesce e chi fallisce.

'O **munno** è cchillo ca tiene ncapo.
The world is what you hold in your head.
The world is seen subjectively by each of us.
Il mondo è quello che tieni in testa.
Il mondo è visto soggettivamente da ciascuno.

Tanno è chiagnuto 'o **muorto** veramente quanno more e nun lassa niente.
The person who is really mourned is the one that leaves absolutely nothing.
Allora è pianto il morto veramente quando muore e non lascia niente.

Cagnano 'e **musicante**, ma 'a museca nun cagna maje.
The musicians come and go (lit. change) but the music never changes.
Cambiano i musicanti ma la musica non cambia mai.

P.Bello L.Clark M.T.Fedele

Proverbs / Proverbi: N

Nun sputà ncielo ca nfaccia te torna.
Don't spit in the sky because you'll get it back in your face.
Don't be rude with important people because the slight will turn back on you.
Non sputare in cielo che ti ritorna in faccia.
Non mancare di rispetto in alto perchè l' offesa ti ricade addosso.

'A necessità rompe 'a legge.
Need breaks the law.
Need compels to break the law.
La necessità rompe la legge.
La necessità fa trasgredire la legge.

Niente se po' ffa senza niente.
You can do nothing with nothing.
Without compensation you can't do anything.
Niente si puó fare senza niente.
Senza nessun compenso non si fa nulla.

Nun guardà sempe nnanze: ogne ttanto votate pure arreto.
Don't always look forward, every now and then you also have to turn back.
Non guardare sempre avanti: ogni tanto voltati anche indietro.

Tanti vvote 'o no vo' dicere sì.
Often a no really means yes.
Tante volte il no vuol dire si.
Un no a parole può essere un si nei fatti.

Dicette 'o pappece vicin' 'a noce: damme 'o tiempo ca te spertoso.
The weevil said to the walnut: give me time and I will make a hole in you.
With perseverance you will get everything.
Disse il tonchio alla noce: dammi tempo che ti buco.
Con la perseveranza si ottiene tutto.

Na noce dinto 'o sacco nun fa rummore.
One walnut in the bag makes no noise.
A voice that protest alone has no effect.
Una noce nel sacco non fa rumore.
Una voce, che protesta da sola, non produce effetti.

Nun ghì maje addò nun sî nvitato.
Never go where you're not invited.
Non andare mai dove non sei invitato.

P.Bello L.Clark M.T.Fedele

Proverbs / Proverbi: O

'O voje p' 'e ccorne e ll'omme p' 'a parola.
The ox (is appreciated) for his horns, and the man for keeping his word.
Il bue (si valuta) dalle corna e l' uomo dalla parola (fede nei patti).

Ll' ommo nun se mesura a pparme.
Man is not measured in inches (lit. the width of a hand).
A man is not respected just for his height.
L' uomo non si misura a palmi.
L'uomo non si stima dall'altezza.

Ommo danaruso, ommo penzaruso.
Wealthy man, worried man.
Uomo danaroso, uomo pensieroso.

Ommo senza vizio è na menesta senza sale.
Men without vice are like soup without salt.
Uomo senza vizio è come una minestra senza sale.

P.Bello L.Clark M.T.Fedele

Proverbs / Proverbi: P

Pane e ppanne nun facettero maje danne.
Bread and clothing are never dangerous.
Pane e panni (vestiti) non fecero mai danni.

Pane cu ll' uocchie e ccaso senza uocchie.
Bread with eyes and cheese without eyes.
The bread has to have large holes (sign of a good rising) and the cheese should not have holes (sign of harmful fermentation).
Pane con gli occhi e formaggio senza occhi.
Il pane deve avere grandi fori dovuti ad una buona lievitazione e il formaggio non deve avere fori segno di fermentazioni dannose.

È mmeglio pane e ccepolla â casa toja ca gallina e ffasano â casa 'e ll' ate.
It's better (to have) bread and onion at home than chicken and pheasant in other people's houses.
È meglio pane e cipolla in casa tua che gallina e fagiano in casa degli altri.

Caver' 'e panne nun fa danno.
Warmth of (due to) clothes (warm clothes) will not hurt (lit. does not damage).
Il caldo (dovuto ai) panni non fa danni.

Panza chiena cerca arrepuoso.
A full belly needs a rest.
Pancia piena cerca riposo.

Quanno 'o parente corre, 'o vicino è ggià curruto.
When a relative rushes over, the neighbor is already there.
Often there is more help from a neighbor than from a relative.
Quando il parente accorre, il vicino è già accorso. Spesso si ha maggior aiuto da un vicino che da un parente.

Amice e ppariente nun accattà e nun vennere niente.
Never sell anything to or buy anything from a friend or relative.
Da amici e parenti non comprare e non vendere niente.
Le compravendite fra parenti e amici sono sconsigliate.

'E pariente so' comm' 'e stivale, cchiù songo stritte e cchiù fanno male.
Relatives are like the boots: the tighter they are, the more they will hurt you. (This is an expression difficult to translate: "parente stretto" means a very close relation, but "stretto" means also "tight")
I parenti sono come gli stivali: più sono stretti e più ti fanno male.

Proverbs/Proverbi: P

Chi parla assaje, arraggiona sempe poco.
Those who speak a lot, think very little.
Chi parla assai, ragiona sempre poco.

'O pparlà chiaro è ffatto pe ll' amice.
Speaking frankly is appropriate only with your friends.
Il parlare chiaro è fatto per gli amici.

'A 'o pparlà se canosce ll' anema.
(Lit. by speaking our soul is known) Your words will reveal your soul.
Dal parlare si conosce l'anima.
Parlando con una persona si conosce la sua anima.

Chi troppo parla è ffacile ca sgarra.
Who speaks too much, is most often wrong.
Chi troppo parla è facile che sbaglia.

'A meglia parola è cchella ca nun se dice.
The best word is the one that is left unspoken.
Silence counts often more than any words.
La migliore parola è quella che non si dice
Il silenzio vale spesso più di ogni parola.

Addó ce stanno 'e fatte nun ce ponno 'e pparole.
Where we have facts there is not need for words.
Words are not necessary when we have the facts.
Dove ci stanno i fatti non ci possono (servono) le parole.
Le parole sono inutili davanti ai fatti.

Avota, avota, 'o cetrulo va sempe nculo ô parulano.
Any way you look at it (lit. go around and around), the cucumber always ends up the gardener's ass.
It is always the weaker people who will pay for any mishap.
Gira, gira il cetriolo va sempre nel culo dell' ortolano.
È sempre sul più debole che si scaricano le conseguenze di un guaio.

'A ricetta 'e passaguaie: penzà poco e pparlà assaje.
The recipe of unfortunate people: think little and talk a lot.
La ricetta del passaguai : pensare poco e parlare assai.

'O Pateterno è llungariello ma nun è scurdariello.
The Eternal Father takes his time, but he usually doesn't forget.
Il Padreterno è lunghetto ma non è solito dimenticare.
Il Padreterno può tardare, ma non dimentica mai.

Proverbs/Proverbi: P

'A paura fa nuvanta e cchi s' 'a piglia fa nuvantuno.
The lotto (a kind of lottery) number for fear is 90 and the number for people who are afraid is 91.
Fearful people are worse than fear itself.
La paura fa novanta (nella smorfia) e chi se la piglia fa novantuno.
Il pauroso è peggiore della paura.

Agge paura 'e chi nun parla.
Be afraid of those who do not speak.
Abbi paura di chi non parla. Temi le persone taciturne.

Male nun fa' e ppaura nun avé.
Don't do evil and you will not be afraid.
Male non fare e paura non avere.
Non fare male e non avrai da temere.

Chi pava annanze è mmale servuto.
Who pays in advance will not be well served.
Chi paga prima è mal servito.

A mmurì e a ppavà nce sta sempe tiempo.
There is always time for death and to pay your debts.
A morire e a pagare quando più tardi è possibile.

Da nu malo pavatore piglia chello che ppuó.
From someone who is a bad risk with his payments, take whatever you can.
Da un cattivo pagatore piglia quello che puoi.

Pazze e ccriature, Ddio ll'ajuta.
Crazy people and children are helped by God.
Pazzi e bambini, Dio li aiuta.

Pazzo chi joca e ppazzo chi nun ghioca.
Fool is one who plays and fool is one who does not play.
Who plays all the time and who never dares to play are equally fools.
Pazzo chi gioca e pazzo chi non gioca.
Pazzo chi gioca per vizio e pazzo chi non osa mai.

'A pecundria è ppeggia d' 'a malatia.
Depression is worse than a disease.
La depressione è peggiore di una malattia.

Proverbs/Proverbi: P

Chi pecura se fa 'o lupo s' 'a magna.
Who acts like a sheep gets eaten by the wolf.
Those who never stand for themselves suffer the abuse of bullies.
Chi si fa pecora, il lupo lo mangia.
Chi cede sempre subisce l'abuso dei prepotenti.

'A 'o ppeggio nun c'è ffine.
Bad things do not have a limit.
Al peggio non c' è fine. Il peggio non ha un limite.

Chi nun penza primma, pena doppo.
Who does not think first, suffers later.
Chi non pensa prima, pena dopo.

Chi penza troppo, more ampressa.
He who thinks too much, dies early.
Chi pensa troppo, muore presto.

Nun te piglià 'e penziere 'e ll' ate.
Don't take on the worries of other people.
Non pigliarti i pensieri (preoccupazioni) degli altri.

Addó c' è ggusto nun c' è pperdenza.
Where there is pleasure there is no loss.
If you like something you will pay anything to have it.
Dove c' è gusto non c' è perdita.
Se una cosa piace non interessa la spesa per averla.

Nun ce avé a cche ffà cu cchi nun tene che pperdere.
Don't embark in a business with someone who has nothing to lose.
Non avere a che fare con chi non ha da perdere.
Non fare affari con chi non ha nulla da perdere.

'O pesce fete d' 'a capa.
The fish starts smelling bad at the head.
The rot starts from the top (expression that indicates corrupt leaders).
Il pesce puzza dalla testa.
Il malcostume, la corruzione comincia dai capi.

Nun c'è ppezzentaria senza difiette.
There is no poverty without defects (lack of knowhow on the part of the poor).
Non c'è povertà senza difetti (incapacità o responsabilità del povero).

Ddio te guarda 'a 'e pezziente sagliute.
May God protect you from the poor who just became rich.
Dio ti guardi da poveri arricchiti.

Proverbs/Proverbi: P

'A pianta s'addrezza quann'è ppiccerella.
The tree has to be straightened when it is small.
Bad impulses have to be corrected when the children are small.
La pianta si raddrizza quando è piccola.
Le cattive tendenze si correggono quando si è piccoli.

'O piecuro se carosa, nun se scorteca.
A ram is to be sheared, not skinned (killed).
Il montone si tosa, non si scortica (non si uccide).

Mmiez' ê bburrasche se canosce 'o piloto.
In the storms we recognize the (quality of) the pilot.
Nelle burrasche si riconosce il (la qualità del) pilota.

Abbesogna fa 'o pireto pe qquant' è ggruosso 'o culo.
You got to fart no bigger than your ass.
Don't do steps longer than your leg.
Bisogna fare il peto per quanto è grosso il culo.
Non bisogna fare il passo più lungo della gamba.

Quanno 'o piro è ammaturo care 'a pe isso.
When the pear is ripe it falls by itself.
When things come to maturity everything falls into place.
Quando la pera è matura cade da sé.
Quando le cose giungono a maturazione le conseguenze vengono da sé senza bisogno di intervenire.

Chi tene cchiù povere, spara.
He who has more gunpowder, shoots.
He who has more resources wins.
Chi ha più polvere, spara.
Chi ha più mezzi vince.

Dicette 'o prevete: fa' chello ca dico io ma nun fa' chello ca facc'io.
The priest said: do what I say but do not do what I do.
Disse il prete: fa quello che dico io ma non fare quello che faccio io.

Ntiempo 'e tempesta ogne ppertuso è ppuorto.
When there is a storm every hole is a port.
In case of necessity everything is useful.
In tempo di tempesta ogni buco è un porto .
In caso di necessità tutto fa brodo.

Proverbs/Proverbi: P

'O **purpo** se coce dint' a ll' acqua soja.

The octopus is boiled in its own water.

You can't reason with a stubborn man. He has to arrive to the right conclusion by himself.

Il polpo si cuoce nella sua stessa acqua.

Il testardo si convince da solo: gli interventi di altri sono inutili.

Tre so' 'e **putiente**: 'o papa, 'o rre e cchi nun tene niente.

Three are the most powerful persons: the pope, the king and who has nothing.

Tre sono i potenti: il papa, il re e chi non ha niente.

Proverbs / Proverbi: Q

Nun leggere 'o libbro d' 'e quaranta foglie.
Do not read the book of forty sheets (playing cards).
Do not start gambling.
Non leggere il libro dei quaranta fogli (le carte da gioco).
Non prendere il vizio del gioco.

P.Bello L.Clark M.T.Fedele

Proverbs / Proverbi: R

'A raggiona è d' 'e fesse.
To be right is for fools.
Only fools think they are always right.
La ragione è dei fessi.
Solo gli stupidi pensano di avere sempre ragione.

Pure 'a reggina avette besuogno d' 'a vicina.
Even the queen needed her neighbors.
Even the mighty sooner or later need the neighbors.
Anche la regina ebbe bisogno della vicina.
Anche i potenti prima o poi hanno bisogno dei vicini.

A ttutte 'e ccose nce vo' 'a regula.
Rules are needed in all things.
In tutte le cose ci vuole la regola.
In tutto ci vuole misura.

'E ricche comme vonno, 'e pezziente comme ponno.
Rich people do what they want, poor people do what they can.
I ricchi come vogliono, i poveri come possono.

Sparte ricchezza, addeventa puvertà.
Distribute wealth and it becomes poverty.
Share wealth among many people, and it becomes poverty.
Dividi ricchezza, diventa povertà.
Dividere una ricchezza tra molte persone, diventa poca cosa.

Tanti vvote chi rire 'a matina chiagne 'a sera.
Very often those who laugh in the morning, cry in the evening.
The fate is fickle and unpredictable.
Tante volte chi ride la mattina piange la sera.
La sorte è mutevole e imprevedibile.

'A rrobba bbella se fa abberé.
Beautiful things are made to be seen.
La bella roba va fatta vedere.

'A ruta ogne male stuta.
Rue eliminates all diseases.
La ruta ogni male spegne.

P.Bello L.Clark M.T.Fedele

Proverbs / Proverbi: S

'O sacco vacante nun se mantene a ll'erta.
An empty sack cannot stand up, one cannot work without eating.
Il sacco vuoto non si mantiene in piedi.
A stomaco vuoto non si può stare in piedi o fare qualcosa.

Cchiù ncoppa se saglie, cchiù butto se piglia.
The higher you climb, the worse you get hurt when you fall (also in fig. sense).
Più in alto si sale, più urto si piglia (più la caduta è rovinosa, anche fig.).

A ssalutà è ccurtesia, a rrisponnere è dduvere.
To greet is courtesy, to reply is a duty.
Salutare è cortesia, rispondere è dovere.

Chi tene 'a saluta è rricco e nun 'o ssape.
Who enjoys good health is rich and doesn't know it.
Chi ha la salute è ricco e non lo sa.

'A carne fa 'a carne, 'o vino fa 'o sango e 'a fatica fa jettà 'o sango.
Meat produces meat, wine produces blood, and fatigue destroys the blood (weakens the blood).
La carne fa la carne, il vino fa il sangue, e la fatica fa buttare il sangue (debilita).

A ssante viecchie nun s' allummano cannele.
Don't light candles to old saints.
Don't go to influential people in their old age.
A santi vecchi non si accendono candele.
Alle persone influenti non si ricorre più nella loro vecchiaia.

Chi tene sante va mparaviso, e cchi no more acciso.
Who has saints goes to heaven and who doesn't will die by violence.
Who has recommendations will do well, who does not will have no luck.
Chi ha santi va in paradiso e chi no muore ucciso.
Chi ha raccomandazioni si sistema bene, chi non ne possiede ha una cattiva sorte.

Chello ca nun se fa nun se sape.
What you don't do will never be known.
(Solo) quello che non si fa non si sa (si viene a sapere).

Chi te sape t' arape.
Who knows you will mug you.
Who knows your home and your habits can easily rob you.
Chi ti conosce ti apre.
Chi conosce la tua casa e le tue abitudini può facilmente derubarti.

Proverbs/Proverbi: S

Tutte è bbuono a ssapè.
Everything is good to know.
Tutto è buono a sapere.

Chi fatica na saraca, chi nun fatica, na saraca e mmeza.
To a worker a salted herring, to who does not work, one and a half salted herrings.
Often those who work most suffer worse treatment than those who work less.
A chi fatica una salacca, a chi non fatica, una salacca e mezza.
Spesso, per ingiustizia, chi lavora di più ha un trattamento peggiore di chi lavora di meno.

Ogne sarmo fernesce a ggroliapatre.
Every psalm ends with gloria patri.
Arguments tend to be about the same old things that bother people the most.
Ogni salmo finisce in gloriapatri.
Nei ragionamenti si finisce spesso di parlare delle cose che premono, si batte lo stesso chiodo.

'O sazio nun crede ô diuno.
He who has a full belly doesn't believe in famine.
Il sazio non crede al digiuno.

Ogne scarpa addeventa scarpone.
Every shoe becomes a boot.
Everything gets older.
Ogni scarpa diventa scarpone.
Tutto invecchia.

Ogne scarrafone è bbello â mamma soja.
Every cockroach is beautiful to its own mother.
Ogni scarafaggio è bello alla mamma sua.

Sciglie, sciglie e ppo' 'o ppeggio te piglie.
Choose, choose too long, and then you are left with the worse stuff.
If you linger too much choosing things or even people at the end you will have to take whatever is left.
Scegli, scegli e poi il peggio ti pigli.
A voler scegliere troppo tra persone o cose alla fine si prende il peggio.

'A sciorta è na rota: mentre gira, po' s'avota.
Luck is a wheel: first it spins, but inevitably turns back.
Fortune is a wheel: at first is favorable and then suddenly changes direction.
La fortuna è una ruota: mentre gira, poi si volta.
La fortuna mentre è favorevole, all' improvviso cambia.

Proverbs/Proverbi: S

A sciorta d' 'o piecoro: nasce curnuto e mmore scannato.
The fate of the ram: he is born horned and dies slaughtered.
Who was born unlucky will stay unlucky all his life unti death.
La sorte del montone: nasce cornuto e muore sgozzato.
Chi nasce sfortunato lo sarà per tutta la vita.

'A scopa nova dura tre gghiuorne.
The new broom lasts three days.
The new boss wants to introduce a lot of improvements but eventually he is
forced to go back to the old ways.
La scopa nuova dura tre giorni.
I primi giorni il nuovo dirigente è attivo e entusiasta, poi ....

Chi 'a fa se ne scorda, ma chi ll'ave se ll' arricorda.
Who commits an evil deed forgets it, but who receives it will remember it.
Chi la fa (una cattiveria) se ne scorda, ma chi la riceve se la ricorda.

Quanno te miette ncopp' a ddoje selle, primma o poje vaje c' 'o culo nterra.
When you put yourself on two saddles, sooner or later you will end out with your
ass on the ground.
Being two-faced sooner or later will backfire.
Quando ti metti in due selle, prima o poi vai con il culo a terra.
Con il doppio gioco prima o poi si finisce male.

Chi semmena ardiche nun coglie vruoccole.
He who sows nettles does not harvest broccoli.
Who hurts others cannot expect love.
Chi semina ortiche non coglie broccoli.
Chi fa male non si può aspettare bene.

Ogne acqua leva 'a sete.
Any water quenches the thirst.
In case of necessity we must be content with what we find.
Ogni acqua leva la sete.
In caso di necessità ci si deve accontentare di quello che si trova.

'E sfizie se pavano.
Nice things cost money.
Gli sfizi si pagano.

Chi nasce puveriello e sfurtunato, ce chiovene cazz' nculo pure si sta assettato.
One that is born poor and without luck, will get pricks up his ass (lit.pricks will rain
up his ass) even when he is sitting down.
Chi nasce povero e sfortunato gli piovono cazzi in culo anche se sta seduto.

Proverbs/Proverbi: S

Siente assaje, parla poco e ccrire niente.
Listen much, speak little, and believe nothing.
Senti assai, parla poco e credi niente.

'O Signore primma 'e ffà e ppo' ll'accocchia.
The Lord first makes them and then puts them together.
God first creates people and then puts them togheter according to their characters.
Il Signore prima li fa e poi li accoppia.
Dio prima fa le persone e poi le appaia secondo le loro caratteristiche.

'E ccose a lluongo addeventano sierpe.
Things that drag too long become snakes.
The problems not addressed immediately sooner or later become tragedies.
Le cose per le lunghe diventano serpenti.
Le difficoltà non affrontate subito a lungo andare diventano tragedie.

C' 'o tiempo e cc' 'a paglia s'ammaturano 'e ssovere.
With time and with straw medlars will ripen.
To get anything done one must know how to wait.
Con il tempo e con la paglia si maturano le nespole.
Per realizzare qualcosa bisogna saper attendere.

'O sparagno nun è mmaje guaragno.
Savings are never earnings.
Never mind savings, you got to earn money too.
Il risparmio non è mai guadagno. Chi risparmia spreca.

A cchi sparte 'a meglia parte.
The one supervising the sharing gets the largest part.
Chi spartisce ha la parte migliore.

Chi cchiù spenne meno spenne.
He who spends more spends less.
Buy the more expensive but of higher quality goods because they last longer
than the shoddy cheaper ones.
Chi più spende meno spende.
Negli acquisti prendi merce più cara ma di qualità, perché dura di più di quella
scadente anche se più economica.

Chi 'e speranze campa disperato more.
He who lives on hope dies desperate.
Chi di speranze vive disperato muore.

'A speranza è 'o ppane d' 'e puverielle.
Hope is the bread of the poor.
La speranza è il pane dei poveri.

Proverbs/Proverbi: S

'A sperienza vence 'a scienzia.
Experience wins science.
Experience is more important than science.
L' esperienza vince la scienza.
L' esperienza è più importante della scienza.

Fattella cu cchi è mmeglio 'e te e ffance 'e spese.
Associate with who is better than you, and pay his expenses.
Frequenta chi è migliore di te e fagli (pagagli) le spese.

Chi va spierto, deventa espierto.
Who is going traveling, becomes an expert.
Who experiences life in other countries, learns so many different things.
Chi va ramingo, diventa esperto.
Chi fa esperienza in altri paesi, diventa esperto.

Sposa nfosa sposa auriosa.
Wet bride (from rain), lucky bride.
Sposa bagnata sposa con buoni auspici.

Quann' 'a femmena vo filà, ll' abbasta nu spruoccolo.
When a woman wants to spin yarn, even a twig will do the job.
A woman will do whatever it takes to get what she wants.
Quando la donna vuole filare (la lana), le basta anche uno stecco di legno.
Una donna farà di tutto per ottenere ciò che vuole.

'O spusarizio se fa cu 'e cunfiette, no cu 'e ffichesecche.
Marriage has to be celebrated with the sugared almonds not with dried figs.
Marriage cannot be done with very little money.
Lo sposalizio si fa con i confetti, non con i fichi secchi.
Il matrimonio non si puó fare con pochi soldi.

'A gallina ca nun spuzzulea ha ggià spuzzuliato.
Hen that doesn't peck has already pecked.
Who doesn't nibble up has already eaten.
La gallina che non spizzica ha già spizzicato.
Chi non pilucca ha già mangiato.

Storta va e dderitta vene.
What goes out twisted comes back straight.
Troubles don't last forever.
Storta (male) va e diritta (bene) viene.
I guai non possono durare per sempre.

P.Bello L.Clark M.T.Fedele

Proverbs/Proverbi: S

'A mamma d' 'e strunze è sempe prena.

The mother of the assholes is always pregnant.
There are always a lot of stupid people.
La mamma degli stronzi è sempre incinta.
Gli stupidi sono sempre in maggioranza.

Sule nun se sta bbuone manco mparaviso.

You won't be happy alone not even in paradise.
Soli non si sta bene neanche in paradiso.

Meglio sulo ca male accumpagnato.

Better alone than in bad company.
Better to be alone than to have bad friends.
Meglio solo che male accompagnato.
Meglio essere solo che avere cattive amicizie.

Â casa d' 'e sunature nun se portano serenate.

Don't play serenades at the musician's house.
Said of amateurs who want to compete with professionals.
A casa dei suonatori non si portano serenate.
Da principiante non tentare di superare un maestro.

'O peggio surdo è cchillo ca nun vo' sentì.

The worse deaf man is the one who doesn't want to hear.
Il peggiore sordo è quello che non vuole sentire.

Proverbs / Proverbi: T

'O taliano se fa sicco ma nu' mmore.
Italians lose weight but they don't die.
Said to explain the Italians' ability for getting by.
L' italiano si fa secco ma non muore.
Si dice per esprimere la capacità di arrangiarsi degli italiani.

Tempesta ca tarda furiosa vene.
A storm that comes late comes with fury.
A repressed irritation bursts with fury.
Tempesta che tarda furiosa viene.
L' irritazione interna repressa a lungo scoppia furiosa.

'E fatte d' 'a tiana 'e ssape 'a cucchiara.
The tablespoon knows what goes on with the saucepan.
Only family members know those internal conflicts that they want to hide.
I fatti del tegame li conosce la cucchiaia.
Soli i familiari conoscono le situazioni interne, che non vogliono far sapere.

Dicette 'a tiana â tiella: nu' mme tegnere.
The saucepan said to the baking dish: don't paint me over.
This proverb is used for people that can see their own defects only in other people, but not in themselves.
Disse il tegame alla padella: non mi tingere.
Proverbio che si usa per le persone che rilevano in altri i difetti che anch' esse posseggono in abbondanza.

Bontiempo e mmaletiempo nun durano tutto 'o tiempo.
Good days and bad days don't last for ever.
Good things as well as bad things will come to an end.
Il buon tempo e il cattivo tempo non durano tutto il tempo (sempre).
Le cose buone come le cattive hanno un termine.

Ogne ttiempo vene.
Every moment eventually arrives.
For everything comes the proper time.
Ogni tempo viene.
Per ogni cosa viene il suo tempo.

'O tiempo è ggalantommo.
Time is a gentleman.
Time will bring justice.
Il tempo è galantuomo.
Il tempo fa giustizia.

Proverbs/Proverbi: T

A mmurì e a ppavà nce sta sempe tiempo.
There is always time for death and for paying bills.
Said when there's no need to hurry.
A morire e a pagare c'è sempre tempo.
Si dice quando non c'è bisogno di affrettarsi.

Trica e vvene pesante.
What comes late, comes heavy.
Delayed calamities are catastrophic when they finally arrive.
Ritarda e viene pesante.
Le calamità, che tardano a venire, sono catastrofiche quando arrivano.

Pozza murì 'e truono chi nu' lle piace 'o bbuono.
May die struck by lightning him who does not like good things.
Possa morire di tuono (fulminato) colui al quale non piacciono le cose buone.

Chello ca faje t' 'o ttruove.
You get back the good deeds you do.
Ciò che fai (di bene) te lo trovi.

Primma a 'e tuoje, po' a ll'ate si puoje.
First to yours, then to others if you can.
Prima ai tuoi, poi agli altri se puoi.

Chi nasce quatro nun more tunno.
Who was born round will not die square.
One's nature can not be changed.
Chi nasce quadrato non muore tondo.
La propria natura non può essere cambiata.

Chi perde ave sempe tuorto.
The loser is always wrong.
Chi perde ha sempre torto.

Proverbs / Proverbi: U

Uocchio ca nu' vvere, core ca nu' ddesidera.

What eye does not see, heart does not desire.

Out of sight, out of mind.

Occhio che non vede, cuore che non desidera.

Con la lontananza si attutiscono i desideri, i sentimenti.

Ponno cchiù ll' uocchie ca 'e schiuppettate.

Envy (the evil eye) can be worse than a gunshot.

Possono più gli occhi (il malocchio) che le schioppettate.

Assaje uommene fanno poco e ppoche fanno assaje.

Many men do little and few men do a lot.

More things are achieved by few valid people than by many mediocre people.

Molti uomini fanno poco e pochi fanno molto.

Si realizza più con poche persone valide che con una moltitudine di gente comune.

P.Bello L.Clark M.T.Fedele

Proverbs / Proverbi: V

Casa senza femmena, <u>varca</u> senza timone.
House without a woman is like boat without a rudder.
Casa senza donna, barca senza timone.

'A <u>vecchia</u> 'e cient' anne ricette: "m' aggia mparà ancora!"
The centenarian woman said: "I still have things to learn!"
La vecchia di cent'anni disse: "Ho ancora da imparare!"

'A <u>verità</u> è ffiglia d' 'o tiempo.
Truth is the child of time.
With time the truth is always revealed.
La verità è figlia del tempo
Con il tempo la verità è sempre rivelata.

A ll'avvucato se dice 'a <u>verità</u>; s' ha dda veré isso po' comme ll' ha dda mbruglià.
Tell the truth to the lawyer, it's up to him to twist it around.
All'avvocato si dice la verità: se la deve vedere lui come la deve imbrogliare.

'A <u>vicchiaja</u> è 'na bbrutta bbestia.
Old age is an ugly beast.
La vecchiaia è una brutta bestia.

Quann' uno s' ha dda mbriacà, è mmeglio c' 'o ffa c' 'o <u>vino</u> bbuono.
When you have to get drunk, it's better to do it with good wine.
If you need to act foolishly it is better to do it for something that makes worth it.
Quando uno si deve ubriacare è meglio che lo faccia con il vino buono.
Se devi commettere una follia è meglio farla per qualcosa per cui ne vale la pena.

'A <u>vita</u> è n' affacciata 'e fenesta.
Life is a view from the window.
Life lasts only as a glance out the window.
La vita è un' affacciata di finestra.
La vita dura quanto un' affacciata alla finestra.

<u>Vizio</u> 'e natura nfìn' a mmorte dura.
A defect of nature lasts until death.
A physical defect lasts a lifetime.
Vizio di natura fino a morte dura.
Un' imperfezione fisica dura tutta la vita.

Proverbs/Proverbi: V

Chi vò, va; chi nun vò, manna.
He who wants goes; he who doesn't want sends.
Chi vuole, va; chi non vuole, manda.

'A vocca è nu bbello strumento: sape accurdà 'o bbuono e 'o malamente.
The mouth is a nice instrument: it knows how to reconciliate the good with the bad.
The word is a powerful tool that knows how to conciliate the good man and the bad man.
La bocca è un bello strumento: sa mettere d' accordo il buono e il cattivo
La parola è un formidabile strumento che sa convincere il buono e il malvagio.

A vvocca nchiusa nun traseno mosche.
Flies don't go into a closed mouth.
It is better to keep your mouth shut, rather than saying nonsense.
Con la bocca chiusa non entrano mosche.
È preferibile tenere la bocca chiusa, piuttosto che dire stupidaggini.

Cunziglio 'e vorpe, rammaggio 'e galline.
Suggestion from foxes, damage to hens.
Suggestions from cunning people are always given at the expense of others.
Consiglio di volpi, danno di galline.
Il consiglio dei furbi è sempre ai danni di qualcuno.

Na vota se campa e na vota se more.
Only once you live and only once you die.
You have to seize your chance because you live only once.
Una (sola) volta si campa e una (sola) volta si muore.
Bisogna afferrare l'occasione perchè si vive una volta sola.

Na vota a ll' anno dDio 'o ccumanna.
Once a year God commands it.
Once a year is OK to do crazy things.
Una volta all' anno Dio lo comanda.
Una volta all' anno è lecito far pazzie.

'A votte dà chello ca tene.
The barrel gives (only) what it holds.
We can only do what we are capable of doing.
La botte dà quello che tiene.
Ognuno non può fare altro se non quello di cui è capace.

Proverbs / Proverbi: Z

'A prena s'abbruttisce e 'a <u>zetella</u> se scemunisce.
Pregnant women become ugly and the old maid becomes stupid.
La gravida si imbruttisce e la zitella si incretinisce.

'A <u>zita</u> quanno s'ammarita tutt' 'a vonno.
All men desire the old maid, after she marries.
You really appreciate things after they are gone
La zitella quando si marita tutti la vogliono.
Qualcuna o qualcosa si apprezza quando non si pùo più avere.

Parole vo' 'a <u>zita</u>.
Young girls want (good) words
Every girl wants to be courted.
Parole vuole la ragazza
Ogni ragazza vuole la corte.

P.Bello L.Clark M.T.Fedele

Section II / Sezione II

Neapolitan Phrasings sorted by keyword

Frasario napoletano ordinato
per parola chiave

P.Bello L.Clark M.T.Fedele

Phrasings / Frasario: A

Abbaccarse cu cchi vence.
To agree (to take sides) with the victor.
Accordarsi (schierarsi) con chi vince.

Rafanie', fatte accattà 'a chi nun te sape.
Radish, get youself bought by those who don't know you.
You don't deceive me, I know you well: go elsewhere.
Ravanello, fatti comprare da chi non ti conosce.
Tu non mi inganni, ti conosco bene: rivolgiti altrove.

Aggiu fatto stu bbell' accatteto.
I made this nice purchase (ironically speaking).
Ho fatto questo bell' acquisto (in senso iron.)

Pe n' aceno 'e sale se perde 'a menesta.
Because of a grain of salt you ruin the soup.
Sometimes it takes little to ruin everything you did.
Per un granello di sale si perde la minestra.
Talvolta basta poco per rovinare tutto ciò che si è fatto.

Jì acito.
To go sour.
To become spoiled.
Diventare aceto.
Andare a male.

'A coppa 'o ccuotto acqua vulluta.
Soothe a burn with boiling water.
Making a bad situation worse.
Sopra la scottatura acqua bollente.
Ad una disgrazia se ne aggiunge un' altra più grande.

Pesà ll'acqua dinto ô murtale.
Grind the water in the mortar.
Do something totally useless.
Pestare l'acqua nel mortaio.
Fare una cosa di nessuna utilità.

Tirà ll' acqua c' 'o panaro.
Pull up water with a basket.
Attempting something impossible.
Tirare l'acqua con il paniere.
Tentare una cosa impossibile.

Phrasings/Frasario:A

E' acqua ca nun leva sete.

It is a water that doesn't quench thirst.
It's something that does not satisfy, it is a useless remedy.
È acqua che non toglie sete.
E' cosa che non soddisfa, è un rimedio inutile.

Affucarse int' a nu bicchiere d'acqua.

To drown in a glass of water.
Getting lost in a trifle.
Affogarsi in un bicchiere d' acqua.
Perdersi in un nonnulla.

Acquaió cumm'è ll'acqua? Manc' 'a neve.

Water-vendor, how fresh is your water? Not even the snow is colder!
Figure of speech suggesting witty responses to obvious questions.
Acquaiuolo com'è la (tua) acqua? Nemmeno la neve (è tanto fredda).
Espressione per indicare una risposta interessata ad una domanda ingenua.

Addó va!

Where is it going!
Cheers!
Dove va!
Alla salute! (si esclama facendo un brindisi).

Addò vere e addò ceca.

Sometimes he can see and sometimes he is blind.
It is said of a person who sees only what suits him.
Dove vede e dove non vede.
S i dice di persona che vede solo quello che le fa comodo.

Jì p'ajuto e ttruvà scarrupo.

Going for help and receiving damage.
Andare per aiuto e trovare rovina (danno).

Nun saccio comme sto allerta.

I don't know how I am standing up.
Non so come sto in piedi.

Truvà ll' America.

To find America.
To find fortune.
Trovare l' America.
Trovare la fortuna.

Phrasings/Frasario:A

Amico cu ttutte, ncunfedenzia cu nnisciuno.
Friends with everyone, but intimate with no one.
Amico di tutti, ma in confidenza con nessuno.

A ll' anema d' 'a palla !
Lit. To the soul of a bag (of nonsense)
What a crock of bull!
All' anima della balla!
Che grossa balla, fandonia, frottola, balla, grossa bugia!

Jucarse ll'anema.
To put the soul on the line .
To put everything on the line.
Giocarsi l'anima.
Giocarsi tutto.

Mo fa n' (ll') anno.
It has been a year now.
A year has passed.
Adesso fa un (l') anno.
È passato un anno.

Purtà a uno appiso ncanna.
To carry someone hanging on the neck
To be crazy about somebody.
Portare uno appeso alla gola.
Avere una viva affezione per una persona, così come si porta una
medaglia benedetta appesa al collo.

Tené a uno appiso ncanna.
To keep somebody around the neck.
To have an aversion to a person like a heavy weight hanging from his neck.
Tenere uno appeso alla gola.
Avere avversione per una persona come per un grosso peso appeso al collo.

È ll'aria c' 'o mmena.
It's the air that carries it.
It is a sign of the times.
È l'aria che lo porta.
È un portato dei tempi.

Dicette Pulecenella: armammece e gghjate.
Punchinello said: let's arm ourselves and you go to war.
The saying refers to cowards that let others go into danger.
Disse Pulcinella: armiamoci e andate.
È rivolto ai vigliacchi che lasciano che siano solo gli altri ad esporsi ai pericoli.

75

Phrasings/Frasario:A

A ssanta Chiara dopp' arrubbato mettettero 'e pporte 'e fierro.
Iron doors were put to the church of Santa Chiara after there was a theft.
It is said of belated measures.
Alla (chiesa di) santa Chiara (dove ci fu un furto), dopo il furto misero le porte di ferro.
Si dice dei provvedimenti tardivi.

Fà ll' arte 'e Michelasso : magnà, vevere e gghì a spasso.
Carry on the art of Michelaccio: eating, drinking and having fun.
To have the good life: eating, drinking and having fun.
Fare l'arte di Michelaccio: mangiare, bere e andare a spasso.
Fare la bella vita: mangiare, bere e divertirsi.

'E primma asciuta.
Fresh off the press
Di prima uscita.
Di primopelo.

Paré ll' aseno mmiezo ê suone.
To look like a donkey in the middle of the music.
Said of one who appears groggy or confused.
Sembrare l' asino in mezzo ai suoni.
Si dice di chi appare stordito o confuso.

Aseno è gghiuto e aseno è bbenuto.
He left a donkey and came back a donkey.
Asino è andato e asino è venuto.

Piglià asse pe ffiure.
Confusing aces with face cards.
To mistake one thing for another.
Pigliare assi per figure.
Prendere una cosa per un' altra.

Na atta moscia.
A limp cat.
An elderly woman.
Una gatta floscia.
Una donna stagionata.

Accattà 'a atta int' ô sacco.
To buy a female cat in the bag.
To make a bad purchase.
Comprare la gatta nel sacco.
Fare un cattivo acquisto.

Phrasings/Frasario:A

Stà attaccato mane e ppiere.
Being tied hands and feet.
To be unable to move (also fig).
Stare attaccato mani e piedi.
Non potersi muovere, anche fig.

Quatto atte.
Four cats.
Indicating the presence of very few people.
Quattro gatti.
Per indicare la presenza di poche persone.

'O atto chiagne.
The cat meows.
il gatto miagola.

Avvucato d' 'e ccauze perze.
Lawyer of lost lawsuits.
Very bad lawyer.
Avvocato delle cause perse.
Pessimo avvocato.

P.Bello L.Clark M.T.Fedele

Phrasings / Frasario: B

Piglià nu bbagno.
To take a bath
To have a great economic loss or to make a bad deal.
Pigliare un bagno.
Avere una grossa perdita economica o fare un cattivo affare.

Puozze jettà 'o bbeleno!
Spit out the poison!
Curse a person like a poisonous snake.
Possa buttare il veleno!
Improperio ad una persona considerata velenosa come un serpente.

Quante cchiù ssimmo, cchiù bbelle parimmo.
The more we are, the nicer we appear.
It is nice to be a big crowd.
Quanti più siamo, più belli sembriamo.
In compagnia è bello essere in molti.

Tene 'a bellezza d' 'o ciuccio.
To have the beauty of the donkey.
To have only youth going for him/her.
Avere la bellezza del ciuco.
Avere solo la bellezza degli anni verdi e non delle forme.

Bello e bbuono.
Nice and good.
Unexpectedly.
Bello e buono.
All' improvviso.

Jiammo bbello.
Come on Beauty!
Let's get a move on
Andiamo bello.
Sbrighiamoci (esortazione).

Ce vò 'o bbello e 'o bbuono pe ....
You need beauty and goodness for…
It takes a lot of effort to...
Ci vuole il bello e il buono per….
Ci vuole uno sforzo per…..

M'è scesa na benna nnanz' a ll' uocchie.
A bandage dropped in front of my eyes.
I am blinded by rage.
Mi è scesa una benda davanti gli occhi.
Sono infuriato, non mi controllo più.

Phrasings/Frasario:B

Dà una pe bbevere e n' ata pe sciacquà.
To give a sip to drink and another one to rinse.
Lay blame harshly.
Dare una (bevuta) per bere e un' altra per sciacquare.
Biasimare aspramente.

Magnà, bbevere e nu' ppenzà a gguaie.
To eat and drink without thinking about troubles.
To squander.
Mangiare, bere e non pensare a guai.
Scialacquare.

Fà sciacqua Rosa e bbive Agnese.
To rinse like Rosa and drink like Agnes.
To squander.
Fare (come) Rosa (che) sciacqua e Agnese (che) beve.
Scialacquare.

Essere 'na meza botta.
To be a small fry
To be a second-rate person.
Essere un mezzo botto.
Essere incompetente.

Buono sì ma fesso no.
Good, yes, but not a fool.
Being good is okay, but not stupid.
Buono sì ma fesso no.
Essere buono va bene ma stupido no.

Viécchio e bbuóno, zuóppo e bbuóno, ...
Even if he's old, even if he's lame, ...
Nonostante sia vecchio, nonostante sia zoppo

Fàtto e bbuóno.
All finished and beautiful.
Bello e fatto.

Piglià c' 'o bbuóno
To persuade with good (manners).
Prendere con le buone.

Quànno bbuóno bbuóno.
When the good (is) good.
When all's said and done.
In fin dei conti, tutto sommato.

Phrasings/Frasario: B

Fà 'e bbuttune ncuorpo.
To twist one's guts.
Fare i bottoni in corpo, rodersi il fegato.

P.Bello L.Clark M.T.Fedele

Phrasings / Frasario: C

Si Cola cacava nun mureva.
If Nicola defecated he would not have died.
Said to those who speak with the benefit of hindsight.
Se Nicola avesse defecato non sarebbe morto.
Si dice a quelli che parlano con il senno di poi.

Cammenà ncopp' a ll'ova.
Walking on eggs.
Walking very carefully.
Camminare sopra le uova.
Camminare con molta attenzione a ciò che si calpesta.

Campà 'e groliapàtre.
To live off the Gloria Patri.
Being sustained by the Holy Spirit.
(to live an ascetic life with little nourishment)
Campare di gloria patri.
Vivere di Spirito Santo.

Campà justo justo.
Lit. To live just just.
To live hands to mouth.
To live sparingly with the minumum necessary.
Campare giusto giusto.
Vivere con lo stretto necessario.

Puozze campà ciente anne!
May you live a hundred years!
Wish spoken as a sign of gratitude.
Possa campare cento anni!
Augurio rivolto in segno di ringraziamento.

Menarse int' ê ccampane.
To throw himself into the bells.
Pretend to be deaf in order to avoid a task.
Buttarsi nelle campane.
Fingere di non vedere e non sentire per esimersi da un impegno.

'O campaniéllo ngànna â gàtta.
The bell around the she-cat's throat.
A secret revealed to everyone.
Il campanello alla gola della gatta.
Qualcosa pubblicizzata che invece doveva essere segreta.

Te puozze sazià 'e turreno 'e campusanto!
May you eat up the cemetery's soil !
Ti possa saziare di terreno di camposanto!

Phrasings/Frasario: C

Tené 'a cannela.
To hold the candle.
To play gooseberry (GB).
To be a third wheel (USA).
Reggere il moccolo.

Aje voglia 'e cantà si nun ce sta chi sente.
You keep singing for ever but there is nobody to hear you.
It is useless to tell your troubles if no one listens to you.
Hai voglia a cantare se non c'è chi ti sente.
È inutile raccontare i tuoi guai se nessuno ti ascolta.

Capa allerta.
Head inclined to have lots of fun, even licentious.
Said of a flirty girl.
Testa incline al divertimento anche licenzioso
Si dice di ragazza civetta.

Capa 'e zi Vicienzo.
Head of uncle Vincent (corruption of the Latin phrase: caput sine censu, i.e. person without income).
A person who does not possess anything, a plebeian.
Testa di zio Vincenzo (corruzione della frase latina:caput sine censu, ossia persona senza alcun reddito).
Persona che non ha niente, plebeo.

Vatterse/ sbatterse c' 'a capa nfaccia ô muro.
Beating one's head against the wall.
Despairing.
Battersi con il capo contro il muro.
Non sapere dove battere la testa, disperarsi.

Caccià 'a capa 'a for' ô sacco.
To take the head out of the sack.
Rebelling against the rules to be observed, to act in a manner not permitted.
Cacciare la testa da fuori il sacco.
Ribellarsi alle regole da osservare, agire in modo non consentito.

Fà 'a capa quanto a na votta.
To make the head resemble a barrel.
To fill up the head with chatter.
Fare la testa quanto una botte.
Gonfiare la testa di chiacchiere.

Phrasings/Frasario: C

Mettere 'a capa a ffà bbene.
Lit. To put the head doing good.
Straightening one's head.
To make a big effort to change one's behavior.
Mettere la testa a fare bene.
Impegnarsi seriamente cambiando il precedente comportamento.

A cchillo nce prore 'a capa.
Lit. His head is itchy.
He is always joking.
A quello gli prude la testa.
Quello ha sempre voglia di scherzare.

Taglià 'a capa ô pato.
Lit. To cut the head of one's father.
To resemble strongly one's father.
Tagliare la testa al padre.
Somigliare molto al padre.

Tené 'a capa fresca.
Lit. To have a fresh head.
Being not serious, think only about foolish things.
Avere la testa fresca.
Non essere seri, pensare soltanto a cose futili.

Tengo 'e lappese a qquadriglié ca m' abballano pe ccapa.
I have the 'stones' (i.e. the blocks used in building) to be arranged in lattice and they dance in my head.
I have a difficult problem that drives me crazy.
Ho le 'pietre' (cioé i cubetti da costruzione) (da disporre) a quadretti (reticolo) che mi ballano per la testa.
Ho un difficile problema che mi tiene agitato.

Nun me pozzo fà capace.
Lit. I can't make myself ready
I can't put my head around it.
I can't convince myself.
Non mi posso far capace.
Non posso convincermi.

Refonnerce tierzo e ccapitale.
To lose capital and interest.
Rimetterci interesse e capitale.

Phrasings/Frasario: C

Fa 'o culo a ccappiello 'e prevete.
To make somebody's behind (black) like the priest's hat (with blows)
Fare il culo quanto il cappello di prete (a legnate)

Ncasà 'o cappiello ncòpp' ê rrecchie.
Forcing the hat over his ears.
Taking advantage of simpleminded people in order to achieve more than one's should.
Forzare il cappello sulle orecchie.
Approfittare della dabbenagine altrui per ottenere più del dovuto.

Si nun può magnà 'a carna, bbivete 'o broro.
If you can't eat meat, drink the broth.
If you can't have the best, be content with second best.
Se non puoi mangiare la carne, beviti il brodo.
Se non puoi avere la cosa migliore, accontentati di quella più scadente.

Nun mettere carna a ccocere.
Don't start cooking the meat.
Avoid new disputes.
Non mettere carne a cuocere.
Non aprire argomenti inopportuni.

Mantené 'o carro p' 'a scesa.
To take hold of the cart during a descent.
To work very hard to solve difficult situations.
Mantenere il carro per la discesa.
Adoperarsi in situazioni difficili per evitare che precipitino.

Cammenà cu 'a carrozza d' 'o scarpariello.
Walking with the carriage (shoes) of the cobbler.
Walking to save the cost of transportation.
Camminare con la carrozza (scarpe) del ciabattino.
Andare a piedi per risparmiare il costo dei mezzi di trasporto.

Essere carta canusciuta.
To be a known card.
Having bad reputation.
Essere carta conosciuta.
Avere cattiva fama.

Nun vulé fà carte.
Refusing to shuffle the cards.
Said of those who don't want to accept any proposal or agreement.
Non voler far carte (da gioco).
Si dice di chi non vuole accettare alcuna proposta o accordo.

Phrasings/Frasario: C

Chi vo' male a cchesta casa, ha dda murì primma ca trase.
Who wants to damage this house has to die before he enters it.
Chi vuole male a questa casa, deve morire prima che entra.

Metterse 'e casa e pputeca.
To set up house and shop in the same building.
Said of one who is absolutely dedicated to his business, keeping work and house in the same building to avoid wasting time in commuting.
Mettersi (con) di casa e bottega (nello stesso fabbricato).
Si dice di chi si dedica ad una attività con massima solerzia ed attaccamento dedicandovi tutto il suo tempo come chi ha la casa e la sede del proprio lavoro nello stesso fabbricato per cui non spreca tempo in spostamenti.

Essere nu cato 'e colla.
Being a bucket of glue.
Being lazy.
Essere un secchio di colla.
Essere pigro, poco dinamico.

Veniresenne a ora 'e cavaliere.
Lit.To arrive at the hour of a noble knight.
To arrive without hurry, regardless of the appointed hour.
Venirsene a ora di cavaliere.
Venirsene comodamente senza rispettare l'orario.

Fà 'e ccose a ccazzo 'e cane.
Lit. Doing things like a dog's prick.
Doing things badly.
Fare le cose a cazzo di cane.
Fare le cose superficialmente.

'A cera se struje e 'a prucessione nun cammina.
The procession does not proceed and the wax (of the candles) is being wasted.
To describe an action that is using up resources without making any progress.
La cera (delle candele) si consuma e la processione non cammina.
Si dice quando si stanno consumando risorse e tempo in progetti non attuabili.

Tené 'e ccerevelle scaurate.
Lit. To have warmed up brains.
To be distracted.
Tenere le cervella scaldate.
Essere distratto.

Phrasings/Frasario: C

Lammeccarse 'o cerviello.
Racking one's brains.
Brainstorming.
Lambiccarsi il cervello.
Spremersi le meningi.

Fà 'e chesto.
Doing like this (words followed by the appropriate gesture, for example a gesture of stealing).
Fare di questo.
Fare così (parole a cui si fa seguire un gesto indicante il verbo sottinteso, per es. il gesto di rubare).

Chiagne e ffotte.
He cries and fucks.
Said of one who takes care of his own interests by exploiting difficult situations.
Piange e fotte.
Si dice di chi fa i propri interessi sfruttando le sue situazioni difficoltose.

Chi vene appriesso s' 'a chiagne.
He who comes afterwards will crie.
The heirs must pay for the errors of their forebears.
Chi viene in seguito se la piange.
Gli eredi se la sbrigano.

Mo s' 'o chiagne.
Now he cries about it.
Meaning it is too late.
Adesso se lo piange.
Adesso lo piange, cioè tardivamente.

Chiagnere a ttanto 'e lacreme.
To cry lots of tears.
To cry one's heart out.
Piangere a tanto di lacrime.
Piangere amaramente.

Chiagnere sempe miseria.
Lit. Always crying poverty.
Always complaining about one's poverty.
Piangere sempre miseria.
Stare sempre a lamentarsi della propria povertà.

Phrasings/Frasario: C

È ttrasuto 'e rènza e s' è mmìso 'e chiatto.
He entered sideways and then he spread out in front.
Referring to a person on an aggressive career track.
Si è inserito di lato e si è sistemato di piatto.
Si dice per indicare un arrivista.

Fà casa e cchiesia.
Living for home and church.
Said of those who live simply and honestly.
Fare casa e chiesa.
Si dice di chi vive in disparte e onestamente.

Metterse int' ê cchiocche.
Lit. To put something between the temples.
To put something firmly into the head.
Mettersi nelle tempie.
Mettersi in testa.

Trasì int' ê cchiocche.
Lit. Getting something between the temples.
To understand something very well.
Entrare nelle tempie.
Entrare in testa.

Ccà ssotto nun ce chiove (jeveno ricenne 'e pisce sott' a ll'acqua).
It won't rain down here, said the fishes under the water.
The phrase, together with the gesture of the right index finger pointed at the up-turned palm of the left hand, is used to say, to those who are still trying to do wrong or to deceive, that they will not succeed again a second time.
Qua sotto non ci piove (andavano dicendo i pesci sott' acqua, in quanto la pioggia non può nuocerli).
La frase accompagnata dal gesto dell' indice destro puntato contro il palmo rovesciato della mano sinistra, è usata per dire, a quelli che cercano ancora di fare un torto o di ingannare, che non ci riusciranno più in seguito.

Chiovere a zzuffunno.
Raining buckets.
Raining cats and dogs.
Piovere a bizzeffe.
Diluviare.

Metterse nu chiuovo ncapa.
To put a nail in one's head
To to be obsessed with a strong idea.
Mettersi un chiodo in testa
Mettersi un proposito fisso in testa.

Phrasings/Frasario: C

S'arricorda 'o chiuppo a fFurcella.
He remembers the poplars of via Forcella.
He is as old as the poplars of Via Forcella which were planted a long time ago.
Si ricorda il pioppo a Forcella.
È antico come il pioppo di via Forcella, dove in passato era piantato.

Sta chiuvenno int' 'a terra soja.
It's raining in his land.
Everything is going well for him.
Sta piovendo nella sua terra.
Gli sta andando tutto bene.

Fà quatto ciappette.
To make four clips (meaning insignificant things).
To jot down a few careless words, to do something without paying attention.
Fare quattro gancetti (nel senso di cose da poco)
Fare qualcosa alla meno peggio, scrivere quattro parole sgrammaticate.

Nun sapé tené nu cicero mmocca.
To be unable to keep a chickpea in the mouth.
To be unable to keep a secret.
Non saper tenere un cece in bocca.
Non saper mantenere un segreto.

Nu' ttenere nè ccielo pe vvedé, nè tterra pe scarpesà.
To have neither sky to see, nor soil to walk on.
To be extremely poor.
Non tenere né cielo da vedere, né terra da calpestare.
Non possedere assolutamente nulla.

'E ciucce s'appiccecano e 'e varrile se scassano.
Donkeys quarrel and barrels get broken.
Said when who suffer in a quarrel are those who have nothing to do with it.
Gli asini litigano e i barili si rompono.
Si dice quando in una lite pagano le conseguenze quelli che ne sono estranei.

Ciuccio, caca a fforza.
Donkey, defecate with all your strength (even when you don't feel like).
Said in response to someone who asks for an impossible task.
Ciuco, caca a forza.
Si dice in risposta a qualcuno che chiede qualcosa impossibile.

Phrasings/Frasario: C

Si 'o ciuccio nun vo' vevere hê voglia d' 'o sischià.

If the donkey doesn't want to drink you can whistle after him all you want but you can't make him

If a stubborn person doesn't want to do something, it is useless to insist.

Se l'asino non vuol bere hai voglia a fischiargli.

Se una persona cocciuta non vuol fare una cosa, è inutile insistere.

Puozze ciuncà 'e mmane!

May your hands be paralyzed!

Curse in response to damage caused by the hands of another.

Possano paralizzarti le mani!

Improperio rivolto per un danno provocato con le mani di un altro.

Statte ciunco !

Be still!

Stai immobile!

Stai fermo!

Vulé 'o cocco ammunnato e bbuono.

Wanting an egg cooked and peeled.

Wanting things served on a silver plate.

Volere l' uovo cotto e sgusciato.

Voler essere servito a puntino.

Comm' a cche.

Like no other.

Very much (è bbella comm' a cche: she is lovely like no other).

Come che (come niente altro)

Assai (è bbella comm' a cche: è assai bella).

Passarce pe ccoppa.

To pass over.

Do not take this into account.

Passarci per sopra.

Non tenerne conto.

Mettere 'o ssale ncopp' â cora.

To put salt on the tail.

Expression used when is no longer possible to make somebody giving back something.

Mettere il sale sulla coda.

Modo di dire da usare quando è impossibile avere qualcuno restituire qualcosa.

Phrasings/Frasario: C

Tené 'a cora 'e paglia.
Lit. To have a tail made of straw.
To be self-conscious of one's own faults.
Avere la coda di paglia.
Sapersi in difetto e dissimularlo.

Tené nu core tanto.
Having a great heart.
To be generous.
Avere un grande cuore.
Essere generoso.

Stà c' 'o core int' ô zuccaro.
Lit. To be with the heart in sugar.
To be happy.
Stare con il cuore nello zucchero.
Godere appieno.

Fà scennere 'o core int' 'e ccazette.
Lit.To have the heart drop down in the socks.
Do be completely disheartened.
Fà scendere il cuore nelle calzette.
Far avvilire completamente.

Tené cchiù ccorne ca nu cato 'e maruzze.
To have more horns than a bucket of snails.
Being a big cuckold.
Avere più corna che un secchio di lumache.
Essere un cornutone.

Sentirse 'e ccosce ca fanno Giacumo Giacumo.
Lit. To feel one's legs go "Giacumo Giacumo"(James James), shaking terribly.
To feel the legs tremble and shake.
Sentirsi le cosce che fanno Giacomo Giacomo.
Sentirsi tremare le gambe.

Chi 'a vo' cotta e cchi 'a vo' crura.
Lit. Who wants it cooked and who wants it raw.
Having contrasting opinions over different problems.
Chi la vuole cotta e chi la vuole cruda.
Si dice riferendosi a persone che hanno pareri o posizioni molto contrastanti.

Phrasings/Frasario: C

Fà na mparata 'e crianza a qquaccuno.
To teach someone a lesson in manners.
Fare una lezione di creanza a qualcuno.

Stà comm'a cCristo ncroce.
Being like Christ on the cross.
Being full of problems.
Stare come Cristo in croce.
Stare nelle tribolazioni.

Me faccio 'a croce c' 'a mana smerza.
Lit.I make the sign of the cross with my hand back to front
Expression of indignation for something serious.
Mi faccio la croce con la mano al rovescio.
Frase di indignazione per qualcosa di grave.

Fà crocia nera.
Making a black cross.
Calling it quits with something or someone after a bad experience.
Fare croce nera
Chiudere definitivamente con qualcosa o qualcuno dopo un' esperienza negativa.

Essere cazza e ccucchiara.
Lit. Being bucket and trowel.
Referring to two persons always together and never apart.
Essere secchio e cazzuola.
Riferito a due persone che non si separano mai.

Pure 'e cuffiate vanno mparaviso.
But even people who are always mocked go to heaven.
Said to console people who are teased. Also used by the person who is the object of mocking.
Anche i canzonati vanno in paradiso.
Si dice per consolare le persone che sono prese in giro, o anche per giustificare sé stessi quando si è oggetto di canzonatura.

Essere culo 'e malo assietto.
Having an ass difficult to keep down on a chair.
Referring to someone who feels out of place everywhere.
Essere culo difficile a sedersi.
Si dice di chi non sta bene da nessuna parte.

Stà c' 'o culo int' 'e ppummarole.
Lit. He is submerged in tomatoes up to his ass.
Being really poor.
Stare con il culo nei pomodori.
Essere in cattive condizioni economiche.

Phrasings/Frasario: C

Magnà culo 'e gallina.
Eating chicken's ass.
Being an annoying chatterbox.
Mangiare culo di gallina.
Essere un fastidioso ciarliero.

Ciccio cumanna a cCola e cCola cumanna a cCiccio.
Ciccio commands Cola and Cola commands Ciccio (Cola is short for Nicola).
To pass along one's responsibility.
Ciccio comanda Cola e Cola comanda Ciccio.
Passarsi le responsabilità.

Cumme è gghiuta e ccumme è vvenuta....
How it went and how it came back....
Whatever the case ...
Come è andata e come è venuta....
Comunque sia andata...

Chi tene cummedità e nun se ne serve, nun trova 'o prevete ca ll' assolve.
Who has comforts and doesn't enjoy them, will not find a priest to absolve him.
Chi ha comodità e non se ne serve, non trova il prete che lo assolve.

Cuntà pe ffìlo e ppe ssegno.
Lit. to tell by tread and by sign. To tell word for word.
Telling in detail.
Raccontare per filo e per segno.
Raccontare minuziosamente.

A cchi 'o ccunte.
Lit. To whom are you telling the story.
Who are you kidding.
A chi lo racconti.
A chi vuoi darla a bere.

Fà cuofano saglie e ccuofano scenne.
Acting as a basket that goes up and goes down.
To assume an attitude of disinterest.
Far paniere sale e paniere scende.
Assumere un atteggiamento di disinteresse.

Astregnere 'o cuorpo.
To tighten the bowels.
To cause constipation.
Stringere il corpo.
Provocare stitichezza.

Phrasings/Frasario: C

Sciogliere 'o cuorpo.
To melt one's own bowels.
To have diarrhea.
Sciogliere il corpo.
Avere la diarrea.

Fà movere 'o cuorpo.
To move one's bowels.
To purge oneself.
Far muovere il corpo.
Stimolare l' evacuazione delle feci.

Pigliarse a uno pe ccupierchio.
To take someone (a spouse) as a cover (to keep doing whatever they want).
Prendersi uno (un marito) per coperchio (per fare i propri comodi).

Fà a ccraje a ccraje comme â curnacchia.
Making craje craje (tomorrow) like a crow.
It refers to a slacker who always procrastinates his work untill tomorrow (craje from Lat. *cras* = tomorrow).
Fare craje (domani) craje come la cornacchia.
Si dice per riferirsi ad un fannullone che rinvia sempre a domani (craje dal lat. *cras* = domani) la propria opera.

Curnuto e mmazziato.
Cuckolded and beaten.
Mocked and ruined.
Cornuto e bastonato.
Si dice di chi subisce la beffa e l'oltraggio.

Sfilà 'a curona.
Finger through all the beads of the praying chain (of the Rosary).
Listing all the complaints kept inside.
Scorrere tutti i grani della corona (del rosario).
Elencare tutte le cose, le lagnanze tenute dentro, vuotare il sacco.

Tené 'o currivo.
To act out of spite.
To be resentful.
Tenere la ripicca.
Essere risentito.

Stà ncopp' a nu taglio 'e curtiello.
Lit. Staying on the edge of the knife.
To be hanging by a thread.
Stare su un taglio di coltello.
Essere appeso ad un filo.

Phrasings/Frasario: C

Curto e mmale ncavato.
Short and misshaped.
Short and malignant.
Corto e male conformato.
Basso e maligno.

Phrasings / Frasario: D

Me pareno 'o diavulo e ll'acqua santa.
They seem like the devil and holy water.
They are incompatible people.
Mi sembrano il diavolo e l'acqua santa
Sono due che si respingono totalmente.

Chi Ddi' è ca...
Who in the name of God is that....
Who does he think he is...
Chi Dio è che....
Chi crede di essere che...

Che vvene a ddicere.
What does that (person) want to say.
What that (person) does mean.
Che viene a dire.
Che significa.

Si t' 'o ddico a tte, m' 'o scord'io!
If I say that to you, I will forget it myself!
Se te lo dico, melo scordo io !

Ammulà 'e diente.
To sharpen the teeth.
To prepare oneself to fight.
Affilare i denti.
Prepararsi alla lotta.

Ringrazià Ddio cu 'e ddenocchie pe tterra.
To thank God on my knees
To thank God with all my heart.
Ringraziare Dio con le ginocchia per terra.
Ringraziare Dio profondamente.

Lassa fà a Ddio.
God will do it.
Said when something already expected does happen.
Lascia fare Dio.
Si dice quando si verifica una cosa aspettata.

Phrasings/Frasario: D

Ddio 'o ssape e 'a Maronna 'o vvere.

God will know it and the Virgin Mary (Madonna) will see it.
This phrase introduces difficult situations with the hope that they will not worsen.
Dio lo sa e la Madonna lo vede.
È una frase di introduzione di situazioni di difficile risoluzione, per le quali si chiede di non peggiorarle.

Paré 'o quatro d' 'a disperazione.

To look like the picture of desperation.
To have a desperate demeanor.
Sembrare il quadro della disperazione
Avere un aspetto disperato.

Pigliarse 'o dito cu ttutt' 'a mana.

Hold the finger and take the whole hand.
Take advantage of the kindness of others.
Pigliarsi il dito con tutta la mano.
Approfittare della cortesia degli altri.

Phrasings / Frasario: E

Aspetta, ciuccio mio, ca vene ll'evera nova.
Wait and see, my donkey, the new grass is growing.
Expression used when something is postponed indefinitely.
Aspetta, asino mio, che viene l' erba nuova.
Si dice per rimandare alle calende greche.

È ffernuta ll'evera oi piecuro!
Oh, ram, the grass is all gone!
Are you all done taking advantage of everything!
È finita l'erba oh montone!
Hai finito di approfittare!

P.Bello L.Clark M.T.Fedele

Phrasings / Frasario: F

Avè ddoje facce.
Having two faces.
To be false
Avere due facce.
Essere falso.

Faccia 'e puttana vecchia.
Face of an old whore.
Barefaced.
Faccia di puttana vecchia.
Faccia di bronzo.

Nun sapé addó mettere 'a faccia.
Not knowing where to turn the face (for shame).
To be ashamed.
Non sapere dove mettere la faccia (per lo scorno).

Ntustà 'a faccia.
Lit. To set firm the face.
Acting without fear.
Indurire la faccia.
Agire, procedere senza timore.

Sciù! P' 'a faccia toja!
I spit on your face!
Form of contempt.
Puh! Per la faccia tua!
Forma di disprezzo.

Scazzecà 'a famma.
To teasel the hunger.
To stimulate the appetite.
Sommuovere la fame.
Stimolare l' appetito.

Si me vene fatta.
If I can.
Se mi viene fatta.
Se mi riesce.

Ncuccià ncopp' ô fatto.
To stumble in middle of the situation.
To catch (someone) red-handed.
Incocciare sul fatto.
Cogliere in flagrante.

Phrasings/Frasario: F

Pe na magnata 'e fave.
For a dish of fava beans.
For a small price, for a paltry gain.
Per una mangiata di fave.
Per un prezzo, un guadagno irrisorio.

Na femmena e na papera arrevutajeno Napule.
A woman and a duck caused trouble in Naples (referring to a loud woman).
Una donna ed un' oca rivoltarono Napoli.
Si dice riferendosi a donne chiassose in pubblico.

Â casa d' 'o ferraro 'o spito 'e lignamme.
In the blacksmith's house (there is) a wooden spit.
Describes the house of a craftsman who uses inappropriate tools.
A casa del fabbro lo spiedo di legno.
Si dice di un artigiano che usa attrezzi inadatti.

Vestirse 'a fesso.
To dress up like an idiot.
Pretending to be unfit for personal advantage.
Vestirsi da fesso.
Fingersi incapace per propria utilità.

Stà scarze a ffetiente.
Being scarce of stinking people.
Expression used when a group of friends is joined by another called "fetente"
(smelly head) as a joke.
Stare scarsi a fetenti.
Si dice quando ad un gruppo di amici se ne aggiunge un altro definito " fetente"
per scherzo.

Fà tre ffiche nove rotele.
Three figs weigh nine rotole (a rotola is an ancient unit of weight approximately
equal to a kilogram).
To exaggerate openly.
Fare (diventare il peso di) tre fichi (un peso di) nove rotoli (1 rotolo, unità di peso
napoletana = 890 grammi).
Fare un lungo e pesante discorso con esagerazioni palesi e fastidiose.

Figlio 'e bbona cristiana.
Son of a good Christian woman.
Crafty person.
Figlio di buona cristiana.
Persona scaltra.

Phrasings/Frasario: F

Fà a cchi figlio e a cchi figliastro.
Treating some as sons and some as stepsons.
Being biased.
Fare a chi figlio e a chi figliastro.
Essere parziale.

Fà na fijura 'e mmerda.
Lit. To present an image of shit.
To make an ass of oneself.
Fare una figura di merda.
Fare una pessima figura.

Fà na fijura 'e niente.
Lit. to present an image of nothing.
To make a very bad impression.
Fare una figura di niente.
Fare una brutta figura.

'E fodere cumbattono e 'e sciabbule stanno appese.
The sheaths are fighting and the swords are hung.
Non employed persons are working and the employees are doing nothing.
I foderi combattono e le sciabole stanno appese.
I non addetti operano e gli addetti si riposano.

Truvà 'a forma d' 'a scarpa soja.
Lit. Finding the shape of one's shoe.
Meeting someone who returns a wrong with equal or greater rigor.
Trovare la forma della scarpa sua.
Incontrare qualcuno che ricambia un torto con eguale o maggiore asprezza.

Stà c' 'o culo â fossa.
Lit. Being with the ass at the edge the grave.
Being close to death.
Stare con il culo alla fossa.
Essere prossimo alla morte.

Stà cu nu pede int' 'a fossa.
Being with a foot in the grave.
Being close to death.
Stare con un piede nella fossa.
Essere prossimo alla morte.

Levà 'a frasca 'a miezo.
Sweeping away the leafy branch.
Closing a matter once and for all.
Togliere la frasca di mezzo.
Chiudere una questione una volta per tutte.

Phrasings/Frasario: F

'A fraveca 'e San Pietro.
The endless building of St. Peter Church.
Expression used when things are dragged on and brought to completion after a very long time.
La fabbrica di san Pietro.
Si dice di una cosa incominciata e portata a termine dopo lunghissimo tempo.

Chi fraveca e sfraveca nun perde maje tiempo.
He who builds and then demolishes never wastes time.
Expression used ironically, its meaning being the opposite of the one stated, referring to works started and then undone and never completed, resulting in a complete waste of time without any concrete result.
Chi fabbrica e demolisce non perde mai tempo.
Frase, detta con significato opposto a quello proprio, usata per riferirsi ad opere inutili cominciate e poi disfatte, non portate mai a termine, che comportano solo una perdita di tempo senza nessun risultato concreto.

Ciunco 'e friddo.
Paralyzed by the cold.
Frozen stiff.
Paralizzato per il freddo.
Intirizzito dal freddo.

Frijenno magnanno.
Frying and eating.
Eating food straight from the frying pan, *metaf,* in a great hurry.
Friggendo mangiando.
Da mangiare appena fritto, *metaf.* in gran fretta.

Frijere cu ll'acqua.
To fry with water.
To do something the cheapest way.
Friggere con l' acqua.
Risparmiare al massimo.

Stà ô ffrisco.
To stay in jail. (This is an example of an Neapolitan/Italian expression, Al Fresco, In Jail, having a very different meaning in English, To Eat Outside)
Stare al fresco.
Stare in galera.

Veniresenne frisco frisco.
Lit. To arrive fresh fresh
To arrive at a bad time.
Venirsene fresco fresco.
Presentarsi inopportunamente.

Phrasings/Frasario: F

Avutà 'a frittata.
To flip over the frittata.
To change one's mind.
Rivoltare la frittata.
Cambiare le carte in tavola.

'A funa è ccorta e 'o puzzo è ffuto.
The rope is short and the well is deep.
The available resources are not sufficient.
La fune è corta e il pozzo è profondo.
I mezzi a disposizione non sono sufficienti.

Ascì 'a rint' 'o ffuoco.
To get out of the fire.
To get out of every situation.
Uscire dal fuoco.
Cavarsela in ogni frangente.

Allattà a uno c' 'o llatte 'e furmicule.
Lit. Nursing a baby with ant milk.
Raising a baby with exaggerated precautions.
Allattare uno con il latte di formica.
Allevare con precauzioni esagerate.

P.Bello L.Clark M.T.Fedele

Phrasings / Frasario: G

Piglià Napule pe ggallaria.
To use Naples as a gallery (for walking).
To take something lightly, just for fun.
Considerare Napoli una galleria (per passeggiare).
Pigliare una cosa poco seriamente, con intento di divertirsi.

S'è apierto 'o gallenaro.
Someone left the chicken coop open.
Expression used in reference to the cackling of women.
Si è aperto il pollaio.
Si dice per indicare schiamazzo di donne.

Mo se spogna 'sta galletta!
Galletta 'e Castiellammare.
When this cracker becomes soggy!
Hard cracker produced at Castellammare (near Naples); not easily soaked; refer-ring to a very stingy person.
Quando si ammolla questa galletta!
Galletta (molto dura prodotta a) Castellammare. Dura ad ammollarsi in acqua, persona molto avara.

'A gallina fà ll' ove e ô gallo ll' abbrucia 'o culo.
The hen lays the egg and the rooster's ass burns.
One person does the work and another takes all the credit for it.
La gallina fa l'uovo e al gallo gli brucia il culo.
Una persona fa un'azione e un'altra se ne attribuisce il merito.

Figlio d' 'a gallina janca.
Lit. Son of a white chicken.
Priviliged person.
Figlio della gallina bianca.
Persona raccomandata.

Parla quanno piscia 'a gallina.
To speak only when the chicken urinates.
(Since it never happens) Always keeping quiet.
Parla quando piscia la gallina.
Stai sempre zitto.

Fà 'o gallo ncopp' â munnezza.
Behaving like a rooster on top of the garbage.
To excel among insignificant people.
Fare il gallo sopra l' immondizia.
Darsi delle arie su persone da poco, su nullità.

Phrasings/Frasario: G

Magnà a qquatto ganasse.
Lit. Eating with four jaws.
To devour.
Mangiare a quattro ganasce.
Divorare.

Stà comm' a ccane e ggatto.
Acting like cats and dogs.
To hate each other.
Stare come cane e gatto.
Odiarsi.

Tené 'o cumanno 'e ggenerale e 'a pava 'e surdato.
Having the grade of a General and the pay of a soldier.
Tenere il comando di generale e la paga di soldato.

Nun tené ggenio.
Lit. Not having the inspiration.
Not feeling like doing a task.
Non aver voglia.

Stà 'e ggenio.
Being in a good mood, of good cheer.
Essere in vena, in buona disposizione.

Gente 'e mmiez' â via.
Lit. people from the middle of the street. Riff-raff, rabble, street people.
Gente di strada, gentaglia.

Gente 'e quatto sorde.
Trashy people, worth four pennies.
Gente di quattro soldi.

Gente malamente.
Bad people.
Cattiva gente.

Chiammà 'a ggente.
To call somebody
To ask for help.
Chiamare la gente.
Chiedere aiuto alla gente vicina.

Bona ggente.
Good people.
Brava gente.

Phrasings/Frasario: G

A gghì a gghì.
Lit. To go to go
Hardly, scarcely.
Ad andare ad andare.
A mala pena.

Gghiammo, e gghià!
Let's go, come on let's go!
Andiamo, e andiamo!
E su andiamo!

A gghiuorno a gghiuorno.
Lit. Day to day
In a few days.
A pochi giorni.
A breve.

Ha fatto 'o ggiallo.
He turned yellow.
He got scared.
Ha fatto il giallo.
Si è messo paura.

Rompere 'e ggiarretelle.
To break the small pitchers.
To break the bonds of friendship.
Rompere le brocchette.
Rompere i rapporti di amicizia.

Giesù, Giuseppe, sant' Anna e Mmaria!
Jesus, Joseph, St. Anne and Mary!
Invocation of astonishment.
Gesù, Giuseppe, sant'Anna e Maria!
Invocazione di stupore.

Tutto a gGiesù e nniente a mMaria.
All things to Jesus and nothing to Mary.
Expression used to indicate an unjust division of goods.
Tutto a Gesù e niente a Maria.
Si dice per indicare una divisione di beni ingiusta.

Gira e vvota.
Turn again and again.
In one way or the other.
Gira e volta.
In un modo o nell' altro.

Phrasings/Frasario: G

'A grazia 'e Ddio.
The grace of God.
The best food and everything else.
La grazia di Dio.
Il ben di Dio.

Ha fatt' 'a grazia.
He performed the miracle.
He made the concession, in an iron. sense.
Ha fatto la grazia.
Ha fatto la concessione, in senso iron.

Fà na grenza.
To make a wrinkle.
Making a fool of oneself.
Fare una grinza.
Fare una brutta figura.

Fà 'e gguarattelle.
Making puppets, to put up a show.
To do things not seriously, in a superficial way.
Fare le marionette, fare teatrino.
Rabberciare, non fare le cose seriamente.

De gustibus non est sputazzella.
(From Lat. "De gustibus non est disputandum" distorted in "sputazzella", a small spit, drool)
Every taste is equally important, without dispute.
(Dal lat. de gustibus non est disputandum: disputandum distorto a "sputazzella", piccolo sputo, acquolina)
Tutti i gusti sono gusti.

Phrasings / Frasario: J

Jenno jenno.
Lit. Walking walking
Strolling along.
Andando andando.
Via facendo.

Jucà tutto pe ttutto.
Lit. To gamble everything for everything.
Risking   everything.
Giocare tutto per tutto.
Rischiare il tutto per tutto.

Jucarse 'o cerviello.
To gamble one's own brain
Acting irresponsibly.
Giocarsi il cervello.
Agire da irresponsabile.

Fà na cosa 'e juorno.
To do something quickly (within the day).
To hurry up, to act quickly.
Fare una cosa di giorno.
Sbrigarsi, agire velocemente.

E mmo fa juorno !
And now the day starts! (in an iron. sense).
Expression used when something drags for a long time.
E ora fa giorno! (in senso iron.)
Si dice di cosa lunga.

Schiarenno, facenno juorno.
At dawn,at the growing light.
Schiarendo, facendo giorno .
All'alba.

Nce va sotto 'o justo p' 'o peccatore.
The innocent pays for the misdeeds of the culprit.
Ci va sotto il giusto per il peccatore.
Si dice quando un innocente sconta al posto del colpevole.

P.Bello L.Clark M.T.Fedele

Phrasings / Frasario: L

Chiagnere a ttanto 'e lacreme.
Crying many tears.
To sob disconsolately.
Piangere con tante lacrime.
Piangere dolorosamente.

Lagnarse d' 'o ssupierchio.
To complain of too much abundance.
Lagnarsi del soverchio.
Lamentarsi del di più.

Nun ammiscà 'a lana c 'a seta.
Do not mix wool with silk.
Do not mix up the common things with precious ones.
Non mischiare la lana con la seta.
Non confondere le cose ordinarie con quelle pregiate.

Venì a llanggelle.
Rain coming by the bucket, pouring rain.
Raining cats and dogs.
Venire (della pioggia) a langelle.
Piovere a dirotto.

E' gghiuta 'a lanterna mmano ô cecato.
The lantern went in the hands of the blind.
Expression used to indicate entrusting a task to an incompetent person.
È andata la lanterna in mano al cieco.
Si dice per indicare l'affidamento di un compito ad un incompetente.

Levà 'a lanterna 'a nnanze a cCarnevale.
Lit. To remove the lantern before Carnival.
To take away something from someone to prevent him from using it inappropriately.
Togliere la lanterna davanti a Carnevale.
Togliere qualcosa a qualcuno per impedirgli di farne un uso smodato.

Cercà c' 'a lanternella.
Searching with the lantern.
Looking carefully.
Cercare con il lanternino.
Cercare minuziosamente.

'E primmo lanzo.
At first launch.
At the first shot.
Di primo lancio.
Al primo colpo.

Phrasings/Frasario: L

Te puzza 'a vocca 'e latte.
Your breath smells of milk.
You are a mere beginner, and too young.
Ti puzza la bocca di latte.
Non hai pratica, non hai l'età adatta.

Fà a uno comm' a ssantu Lazzaro.
To beat up someone like Saint Lazarus.
To beat up someone badly.
Fare uno come santo Lazzaro.
Conciare male.

Fà 'a legge a uno, a nu palo.
(In the card game, tresette), signaling one's partner by putting down a certain suit.
Fare la legge a uno (il compagno di gioco), a un seme (delle carte da gioco).
Segnalare con lo scarto un seme al compagno nel gioco del tressette.

Senza sapé nè lleggere nè scivere...
Without knowing how to read or write ...
In spite of one's deficiencies...
Senza saper né leggere né scrivere ...
Nonostante le sue carenze...

Tené 'a mana leggia.
To have a nimble hand.
Being a professional thief.
Tenere la mano leggera.
Essere ladro di mestiere.

Farse rompere 'e llene ncuollo.
To let them break big sticks on your back. To let them beat you up
To fail to react the right way.
Farsi rompere le legne addosso.
Non saper reagire.

Mpizzo â lengua.
On the tip of the tongue.
Sulla punta della lingua.

Scennere 'a lengua ncanna.
The swallowing of one's own tongue, the cat's got his tongue.
To be struck dumb from fear.
Scendere la lingua in gola.
Ammutolire per la paura.

Phrasings/Frasario: L

Chiavà 'a lengua nculo.
Schiaffà 'a lengua addreto.
To stick your tongue up your ass.
To be silent.
Mettere la lingua nel culo,indietro.
Fare silenzio.

Levà, luà 'a capa.
To knock your head off.
To irritate.
Levare la testa.
Infastidire

Ascì libbero e ffranco.
Lit. Getting out free and cleared.
To be acquitted entirely.
Uscire libero e franco.
Essere assolto in un processo.

Ascì a llibbertà.
To get out free.
Uscire in libertà.
Uscire di carcere.

Chiejà, chiejaresella a llibbretta.
To bend like a booklet.
To renounce, to resign oneself.
Piegare, piegarsela nel libretto.
Rinunziare, rassegnarsi.

Parlà comm' a nu libbro stracciato.
To speak like a torn up book.
To speak incomprehensibly.
Parlare come un libro stracciato.
Non farsi comprendere per nulla.

Parlanno cu llicenzia.
Speaking freely with your permission.
Parlando con licenza.
Parlando liberamente con il vostro permesso.

S' è aunita 'a limma e 'a raspa.
The file has joined forces with the rasp.
Incompatible characters have met.
Si è unita la lima alla raspa.
Si sono incontrati caratteri incompatibili.

Phrasings/Frasario: L

Fà magnà 'o limone.
To make one eat a lemon.
To make somebody angry.
Far mangiare il limone.
Far arrabbiare.

Nfin' a cca ce stà ll' uoglio int' â lucerna.
As long as there is oil in the lamp.
As long as there is life.
Fino a che c'è l'olio nella lucerna.
Finché c'è vita.

Ascì 'a vocca ê cane e ffernì mmocca ê lupe.
To escape from the mouths of dogs and ending up in the mouths of wolves.
Uscire dalla bocca dei cani e finire in bocca ai lupi.

Phrasings / Frasario: M

Mmità a mmaccarune e ccarne.

To invite for maccaroni and meat.
To do something very kind.
Invitare a maccheroni e carne.
Fare cosa assai gradita.

Capità comm' 'o ccaso'ncopp' 'e maccarune.

To come up as cheese on macaroni.
To turn out just perfectly, like the doctor ordered.
Capitare come il cacio sui maccheroni.
Capitare a proposito.

Essere carne 'e maciello.

Lit. To be a butcher's carcass.To be cannon fodder.
To beat everybody's mercy.
Essere carne da macello.
Essere alla mercè di tutti.

Madamma schifa 'o ppoco.

Madam who despises frugality.
Stuck-up lady, who is not content with simple life.
Madama schifa il poco.
La signora snobba, non si contenta del poco.

'O quatto 'e maggio.

The 4th of May (the day of relocation).
In ancient Naples the 4th of May was the day all leases expired.
Il quattro di maggio.
Il giorno del trasloco (il 4 di maggio era il giorno della scadenza di affitti degli appartamenti).

Penzà sulo a mmagnà e a ddurmì.

To think only of eating and sleeping.
Not interested in anything.
Pensare solo a mangiare e a dormire
Disinteressarsi di tutto.

Nun magnà pe nu' ccacà.

Lit. To avoid eating in order to avoid moving the bowels.
To be a real miser.
Non mangiare per non cacare.
Essere un avaraccio.

Phrasings/Frasario: M

Magnarce ncoppa.
Lit. Eating on top of it.
To earn money illegally.
Mangiarci sopra.
Farci un guadagno illecito.

Magnarse 'a rezza d' 'o core.
To eatone's own pericardium.
To get terribly angry.
Mangiarsi la rete del cuore.
Arrabbiarsi fortemente.

Tené 'a magnatora vascia.
Having a low manger.
To have no economic problem.
Avere la mangiatoia bassa.
Non avere problemi economici.

Pazzià a ffa male.
Lit.To play at hurting.
To damage severely.
Giocare a far male.
Danneggiare pesantemente.

Mallanema 'e mammeta!
On the bad soul of your mother!
Invective.
All' anima di tua mamma!
Imprecazione..

Mallanema d' 'o scemo!
On the soul of a big idiot!
Curse.
All' anima dello scemo!
Imprecazione.

Parla comme t' ha fatto mammeta.
Speak (simply) as your mother made you.
Parla (in maniera semplice) come ti ha fatto (insegnato) tua madre.

'A copp' â mana.
Lit. Over his hand.
Out of turn (expression used for the interruption by a person in the conversation of a group).
Da sopra la mano.
Fuori turno (intercalare usato per l' inserimento di un altro discorso da un' altra persona nel discorso di un gruppo).

Phrasings/Frasario: M

Ncasà 'a mana.
Lit. To press down the hand.
To increase excessively prices, penalties, etc.
Calcare la mano.
Aumentare i prezzi, le punizioni, etc.

Vuttà 'a mana morta.
Lit.To put the dead hand.
To grope a woman.
Buttare la mano morta.
Palpeggiare una donna.

Jiresenne cu na mana annanze e n'ata arreto.
To walk with one hand in front and another one behind the body (to cover the private parts).
End of a business or other endeavor at the loss of every single penny. Ending out naked.
Andarsene con una mano davanti e un'altra indietro (per coprire le nudità).
Uscire da un affare o altro rimettendoci tutti i proppri soldi, rimanendo cioè nudo.

'A soccia mana toja steva 'int ê Guantaje.
Hands just like yours are found in the Guantai (glove makers).
Said to a miser (Guantai was a neighborhood of Naples, where there were many manufacturers of gloves).
La mano uguale alla tua stava nei Guantai.
Si dice ad un avaro (I Guantai era un quartiere di Napoli con molti fabbricanti di guanti).

Senza mancamento vuosto.
Without disrespect.
With all due respect.
Senza mancamento vostro.
Senza mancarvi di rispetto.

Doje mane tengo.
I have two hands.
I can do no more than what two hands do.
Due mani ho,
Non posso fare di più di quello che mi permettono due mani.

Menà, vuttà 'e mmane.
Moving around the hands.
To hurry up.
Menare, buttare le mani.
Sbrigarsi.

Phrasings/Frasario: M

Prodere 'e mmane.
(To feel), an itch in the hands.
To want to hit, to deliver blows.
(Sentirsi) prudere le mani.
Avere voglia di menare le mani.

Stà cu 'e mmane nzino, stà cu 'e mmane ncopp' â panza.
To stand with the hands on one's chest, to stand with the hands on the stomach.
To be idle.
Stare con le mani in seno, stare con le mani sulla pancia.
Stare in ozio.

Tenere 'o maneco bbuono.
Having a good handle.
To be a good driver.
Avere il manico buono.
Essere un buon guidatore.

Vuttà 'a pretella e annasconnere 'a manella.
To throw the stone and hide the hand.
To launch an anonimous and dishonorable attack without assuming any responsability.
Tirare il sassolino e nascondere la manina .
Si dice per chi arreca un danno e vilmente non se ne prende la responsabilità.

Mannà annante 'a varca.
To stear ahead the boat.
To raise the family, grow a business, etc.
Mandare avanti la barca.
Portare avanti la famiglia, un' attività.

Mannà 'a Ponzio a pPilato.
To send back from Pontius to Pilate, or going back and forth without resolving anything.
Mandare da Ponzio a Pilato.
Mandare avanti e indietro senza concludere nulla.

'A nu mantiello se ne fa 'na scazzetta.
They used up a mantle to make a skullcap.
They wasted a lot of effort and materials for a very small result.
Da un mantello se ne fa uno zucchetto.
Si è sprecato molto impegno o materiale per ottener un piccolo risultato.

Phrasings/Frasario: M

Me pare 'o pastore d' 'a maraveglia.
He seems to me like the shepherd of wonders
Having a confused and naive attitude, amazed at everything, or to play act like an idiot.
Mi sembra il pastore della meraviglia.
Avere l' atteggiamento confuso e sprovveduto di chi si meraviglia di tutto, o fare il finto tonto.

Menarse a mmare cu ttutt' 'e panne.
Throwing oneself into the sea fully dressed
To ruin oneself completely.
Buttarsi a mare con tutti i panni (vestiti)
Rovinarsi completamente.

Vuto 'e marenaro.
Vow of sailor.
Promise of a sailor (unreliable).
Voto di marinaio.
Promessa di marinaio.

Fà marenna a ssarachielle.
To have a snack with salted herring, to have a pitiful meal.
Having to make do with little.
Fare merenda con aringhe salate.
Doversi accontentare di poco.

Bona maretata nè ssocra nè ccainata.
Good (happy) is the married woman who lives neither with the mother-in-law nor with a sister-in-law.
To be happily married you should not live with your mother-in-law or sister-in-law.
Buona maritata né suocera né cognata
Per essere ben maritata non bisogna convivere né consuocera né con cognata.

Marunnella 'e ficusecche.
Our Lady of dried figs.
A lady who on the surface appears to be good and pious.
Madonnina di fichi secchi.
Donna apparentemente buona e pia.

Pare Pulecenella spaventato d' 'e maruzze.
He looks like Punchinello afraid of winkles.
Expression used to describe someone who is afraid of every little thing.
Pare Pulcinella spaventato dalle littorine, chiocciole marine.
Si dice di chi si spaventa per qualsiasi inezia.

Phrasings/Frasario: M

Menà 'e mmasche.
To work the jaws.
To keep chewing vigorously, to gorge oneself.
Menare le mascelle.
Mangiare a 4 ganasce.

Levarse 'a maschera.
To remove the mask.
To act openly.
Levarsi la maschera.
Agire allo scoperto.

Napule è 'o paese 'e mastu Rafele e ogne ccapa è 'nu tribbunale.
Naples is master Raphael's country, and each head is an individual court .
Naples is a city of strong individualism.
Napoli è il paese di mastro Raffaele e ogni testa è un tribunale (a sé).
Napoli è città di forte individualismo.

Fà 'o mastuggiorgio.
Acting like a psychiatric nurse. (Lit. Like Master Giorgio)
Guiding people in a business with determination and skill.
Fare l' infermiere dei matti.
Dirigere delle persone in un' impresa con risolutezza e competenza.

Mbruglià 'a matassa.
To tangle up a skein of yarn.
To confuse a situation.
Imbrogliare la matassa.
Ingarbugliare la situazione.

Sbruglià 'a matassa.
To wind a skein of yarn into a ball.
To untangle a problem.
Sbrogliare la matassa.
Dipanare la matassa, risolvere il problema.

Starce pe mmazza 'e scopa.
To stand there like a broomhandle.
To stand there like a statue.
Starci per mazza (manico) di scopa.
Starci solo per figura; starci senza alcuna autorità.

Phrasings/Frasario: M

Sfruculià 'a mazzarella 'e S. Giuseppe.
To play with St. Joseph's stick
To annoy, to irritate (the reference to St. Joseph could be due to the fact that he is a saint who carries a stick).
Stuzzicare il bastoncino di San Giuseppe.
Infastidire una persona.

Fà 'e ccose a ccapa 'e mbrello.
Lit. Doing things like the head of an umbrella.
Doing things superficially.
Fare le cose a testa di ombrello.
Fare le cose superficialmente.

Ma addó t' abbie senza mbrello!
Where are you going without an umbrella!
Said to a person who tries to work without the essential tools
Ma dove ti avvii senza ombrello (se già piove?)
Si dice a chi deve iniziare un lavoro o risolvere un problema senza avere gli strumenti necesssari.

Mbruoglio aiutame.
Swindle help me.
Expression used by swindlers who try to get out of a bad situation by using yet another swindle.
Imbroglio aiutami.
Mi salvo con gli imbrogli.

Â prova se canosce 'o mellone.
You know a melon by tasting it.
You know people by their acts.
Alla prova si conosce il melone.
Alla prova si conoscono le persone.

Menesta scarfata nun fuje maje bbona.
A warmed up soup is no good anymore.
Things badly done are never accettable.
Minestra scaldata non fu mai buona.
Una cosa accomodata alla meglio non è consigliabile.

Zittu zittu mmiezo ô mercato.
Hush and quiet in the middle of the market.
Expression used for a secret that everybody knows (called Punchinello's secret).
Zitto zitto in mezzo al mercato.
Si dice del segreto di Pulcinella.

Phrasings/Frasario: M

Ne puozze accattà tutte mericine!
May you spend it all in medicines!
Invective launched after a forced payment.
Che ne possa comprare tutte medicine!
Imprecazione lanciata dopo un pagamento forzoso.

Cchiù nera, cchiù scura d' 'a mezanotte nu' ppò bbenì.
It can't get any darker than at midnight.
This is as bad as it can get, in the future the situation will improve: said to heart-
en those who are having a hard time.
Più nera, più scura della mezzanotte non può venire.
Al di sotto del peggio non può esserci niente, in futuro la situazione migliorerà: si
dice per rincuorare chi sta attraversando un periodo difficile.

Sentere 'o fieto d' 'o miccio.
To smell the odor of the fuse.
To sniff out the bad turn.
Sentire il fetore della miccia.
Fiutare la mala parata.

Mentre 'o miereco studia, 'o malato se ne more.
While the doctor ponders, the patient dies.
Expression used when you need a quick decision.
Mentre il medico studia, il malato muore.
Si dice quando è necessaria una decisione rapida.

Me pare miercurì mmiez' 'a semmana.
He looks like Wednesday in the middle of the week.
Said about those who want to be always in the middle of other people's business.
Mi sembra mercoledì in mezzo alla settimana
Si dice di chi vuole stare sempre in mezzo.

Ha fatto 'o miraculo.
He performed the miracle.
He finally decided.
Ha fatto il miracolo.
Si è deciso finalmente.

Mman' a cchillo.
Lit. In the hands of that one.
In those days, during that time.
In mano a quello.
Nei tempi passati.

Phrasings/Frasario: M

Mman' a pPappacone.
Lit. In the hands of Pappacone (Pappacoda, very old Neapolitan family).
In a time far and long ago.
In mano a Pappacone.
In un tempo assai lontano.

Purtà 'a mmasciata.
To refer the message.
Portare l' ambasciata.
Riferire.

Fà na mmescafrancesca.
Lit. To do a mixfrancesca. To randomly throw things together.
To make a mixture of things, or topics, even not related to the main purpose.
Fare una mescolanza a casaccio.
Fare una mescolanza delle cose o argomenti più diversi anche non attinenti allo scopo voluto.

Mo fa n' (II') anno.
It has been a year now.
A year has passed.
Ora fa un (I') anno.
È passato un anno.

Justo mo.
Just now.
Right now, immediately.
Giusto ora.
Proprio adesso, immediatamente.

Tirarse, sciacquarse na mola.
To pull a molar, to rinse a molar.
Also used in a fig. sense, to get rid of a bad problem.
Tirarsi, sciacquarsi un molare.
Usato anche in senso fig, liberarsi di un problema.

Nturzà 'e mmole.
To pummel the molars (in a fight).
Intumidire i molari (con un pugno).

Jí a mmonte.
Lit. Going up the mountain.
To repeat the card game.
Andare a monte.
Ripetere la partita.

Phrasings/Frasario: M

Essere 'a morte soja.
Lit. To be its death.
To be the best way to cook a food.
Essere la morte sua.
Essere il modo migliore di cucinare un alimento.

Veré 'a morte cu ll'uocchie.
To see death with one's eyes.
Going through a great danger.
Vedere la morte con gli occhi.
Passare attraverso un grande pericolo.

Vererne 'a morte.
To see its death.
To destroy something.
Vederne la morte.
Distruggere qualcosa.

'A mosca dint' 'o viscuvato.
A fly in the bishopric.
Expression used for small things lost in a big place, or conversely for something received that is much smaller than expected.
La mosca nel vescovato.
Si dice di qualcosa di piccolo che si perde in una enorme oppure l' espressione è usata ogni volta che ciò che si riceve è poca cosa rispetto alle attese.

Nu' ffarse passà 'a mosca p' 'o naso.
Don't let a fly go up your nose.
To be very susceptible.
Non farsi passare la mosca per il naso.
Essere molto suscettibile, non farla passare liscia ad alcuno.

Restà cu na vranca 'e mosche mmano.
Being left with only a handful of flies.
To be reduced to next to nothing.
Restare con un pugno di mosche in mano.
Restare senza niente.

Nun fà manc' 'a mossa.
Don't even think of moving.
Don't even think of doing something.
Non fare nemmeno la mossa.
Non permettersi di fare nemmeno l'inizio di qualcosa.

Phrasings/Frasario: M

Nun fa' mosse!
Don't you move!
Admonition not to behave falsely.
Non fare mosse!
Si dice per invitare a non comportarsi artificiosamente.

Quanti mosse!
How many moves! How many stories!
Quante mosse!

Primma t'aggi' 'a mparà e ppo' t'aggi' 'a perdere.
First I have to teach you the trade and then I will have to lose you.
So say the craftsmen to their apprentices knowing that they will leave them when have learned the craft.
Prima ti devo istruire e poi ti devo perdere.
Così dicono gli artigiani ai loro allievi sapendo che li lasceranno quando avranno imparato il mestiere.

Chillo è gghiuto mparaviso pe scagno.
He went to heaven by mistake.
He was lucky by a fluke.
Quello è andato in paradiso per caso.
Quello ha avuto fortuna per caso.

Vatterse mpietto.
To beat one's own chest.
To ask for forgiveness.
Battersi in petto.
Chiedere perdono.

Chiappo 'e mpiso.
Lit. Noose for hanged men.
A very bad man; out-and-out villain.
Cappio di impiccato
Pendaglio da forca.

Mpizzo mpizzo, ncanna ncanna.
At the tip, at the throat.
At the last minute.
In punta in punto, in gola, in gola.
All'ultimo momento.

Purtà mprucessione.
To carry on the procession.
To go on and on.
Portare in processione.
Portare per le lunghe.

Phrasings/Frasario: M

'A vipera ca muzzecaje a mmuglierema, murette 'e tuosseco.
The viper that had bitten my wife, died of poison.
La vipera che morsicò mia moglie, morì di veleno.

Crescere cu 'e mmullechelle.
To raise with small crumbs.
To raise with care.
Allevare con le mollichine.
Allevare con cura

A unu mumento.
In one moment.
Suddenly, unexpectedly.
A un momento.
In un momento, all'improvviso.

Fà na munnezza.
To reduce (something) to garbage.
To ruin something.
Fare un' immondizia.
Rovinare qualcosa.

Nisciuno è nnecessario a cchisto munno.
No one is essential in this world.
Nessuno è necessario (indispensabile) a questo mondo.

Stà â fine d' 'o munno.
Being at the end of the world.
To be somewhere far away.
Stare alla fine del mondo.
Stare in posto molto lontano.

Lassa stà 'o munno comme se trova.
Let the world to be as it is.
Let the things be as they are.
Lascia stare il mondo come si trova.
Lascia stare le cose come sono.

Muntagne e mmuntagne nun s' affrontano.
(Unlike people), the mountains never meet each other.
And unlike mountains, wronged people will meet and repay their enemies.
(Solo) montagne e montagne non si scontrano.
Si usa per dire che, a differenza delle montagne, si incontrerà la persona a cui ricambiare il torto subito.

Phrasings/Frasario: M

Frisc' a ll' aneme d' 'e muorte tuoje.
Fresh air to the souls of your departed.
May the souls of your departed be spared the fires of purgatory.
Fresco alle anime dei morti tuoi.
Siano suffragati i morti tuoi.

Tenè a mmuorto.
Lit. Keeping it like dead person (i.e. money not invested).
To hold uninvested money.
Tenere a morto.
Non mettere a frutto.

I' vengo d' 'o muorto e ttu dice ch 'è vvivo.
I come from the dead man, and you say that he is alive.
You really believe that the truth is the opposite of what the other person says.
Io vengo dal morto e tu dici che è vivo.
Si dice quando si è sicuri del contrario di ciò che l'interlocutore afferma.

Puozze murì acciso!
May you die assassinated! Drop dead!
Possa tu morire ucciso !

Puozze murì 'e subbeto!
May you die suddenly and right now! Drop dead now!
Possa tu morire di subito (fulmineamente).

Se ne vò murì.
He wants to die.
He's the next to die.
Se ne vuole morire.
È prossimo a morire.

Stà muro a mmuro.
Lit. To be wall to wall.
To live next door.
Stare muro a muro.
Tenere gli usci contigui.

Storcere 'o musso.
To make a face, to have a sulking expression.
Storcere il muso.
Espressione di disapprovazione, contrarietà.

P.Bello L.Clark M.T.Fedele

Phrasings / Frasario: N

Napulitane: larghe 'e vocca e stritte 'e mane.
Neapolitans: with a wide mouth (many promises) and of narrow hands (being close fisted, avaricious).
Napoletani: larghi di bocca (di promesse) e stretti di mani (danno poco, avari).

Nascere vestuto.
To be born already dressed, with a shirt on.
To be lucky.
Nascere vestito, con la camicia.
Essere fortunato.

Fetere 'o naso.
To sniff a stink under the nose.
Easily offended.
Puzzare il naso.
Risentirsi facilmente.

Averla nfaccia ô naso.
To receive it right on the nose.
To receive a big offense.
Averla in faccia al naso.
Avere una pesante offesa.

Prorere 'o naso.
To have an itchy nose.
To be litigious.
Prudere il naso.
Essere litigioso.

Tené 'o naso.
To have a (good) nose.
To have intuition.
Tenere il naso.
Avere intuito.

'A nave cammina e 'a fava se coce.
The ship navigates and the fava beans get cooked.
Getting a dual advantage from a single action.
La nave cammina e la fava si cuoce.
Ottenere un duplice vantaggio da un' unica azione.

Phrasings/Frasario: N

Pare 'a <u>nave</u> 'e Franceschiello: a ppoppa cumbattevano e a pprora nun 'o ssapevano.

It looks like the ship of Franceschiello (King Francis II of Bourbon): they wage battle at the stern and at prow nobody knows it.

Said when there is no unity of purpose in a community.

Sembra la nave di Franceschiello (il re Francesco II di Borbone): a poppa combattevano e a prua non lo sapevano.

Si dice quando manca unità di intenti in una comunità.

Ncanna <u>ncanna</u>.

By the neck and neck

At the last moment.

In gola in gola.

All'ultimo momento.

Nturzato, annuzzato <u>ncanna</u>.

Stuck in the gullet.

Stumped.

Forzato, fermato in gola .

Non conseguito o fallito in qualcosa.

Tené appiso <u>ncanna</u>.

To keep him hanging by the neck.

To be crazy about somebody.

Tenere appeso alla gola.

Stravedere per una persona.

Tené nu nuozzolo <u>ncanna</u>.

Having a stone in the throat.

To have a lump in the throat.

Avere un nocciolo alla gola.

Avere un nodo alla gola.

Rummané, restà <u>ncanna</u>.

Stuck in the gullet.

To want something you can't get.

Rimanere in gola.

Desiderare senza ottenere.

Tené <u>ncanna</u>.

To have it in the throat.

To dislike something.

Tenere in gola.

Avere antipatia.

Phrasings/Frasario: N

Ncapa a mme.
Lit. In my head.
In my opinion.
In testa a me.
Secondo me.

Jì sott' e ncoppa.
To turn topsy-turvy.
To end out in ruin.
Andare sottosopra,
Andare in rovina.

Mannà a ffà nculo.
Lit. to send to make it in the ass, fuck off.
To send to hell.
Mandare a fare in culo.
Mandare a quel paese.

Stà sempe ncuollo.
Lit. To stay always in the gullet, to breathe down somebody's neck.
To pester, to bother.
Stare sempre addosso.
Assillare continuamente.

Stà sfunnato ncuorpo.
Having no bottom in the body. Having an hollow leg.
To be insatiable.
Stare sfondato in corpo.
Avere una fame insaziabile.

Tenè 'a neve rint' 'a sacca.
To have snow in the pocket.
To be in a hurry.
Tenere la neve in tasca.
Avere fretta.

'O riesto 'e niente.
The remainder of nothing.
Absolutely nothing.
Il resto di niente.
Assolutamente nulla.

Nu' gghì niente.
To be a person of no value.
Non andare niente.
Non valere niente.

Phrasings/Frasario: N

Nierve a qquatriglié.
Nerves in a checquered pattern.
Strained nerves.
Nervi quadrettati.
Nervi tesi.

Purtà 'a nnummenata.
Having a bad name.
Portare la fama.
Avere cattiva fama.

È nno e nno.
It is no and no.
Absolutely nothing going.
È no e no.
Niente da fare.

Pe nnorma e rregula.
According to norm and rule of conduct.
In a correct manner.
Per norma e regola.
In modo corretto.

A nnotte a nnotte.
Lit. to night to night
When night has fallen.
A notte a notte.
A notte fatta.

Dà 'e denare c' 'o nteresse.
To lend money at a profit.
To be a loan shark.
Dare il denaro con l' interesse.
Fare lo strozzino.

Stà nterra.
Being on the ground.
Being down and out.
Essere a terra.
Essere al verde.

È ttutto truvato nterra.
Everything is found on the ground.
It's all turned out above and beyond any expectation.
È tutto trovato a terra.
È tutto ottenuto fuori da ogni attesa.

Phrasings/Frasario: N

Fà 'e ccose cu 'e ntestine mbracce.
To do things with your bowels in your hands.
To do this unwillingly.
Fare le cose con gli intestini in braccio.
Fare le cose di malavoglia.

Stà sempe ntridece.
To be always the thirteenth (like Jesus, the thirteenth in the middle of the 12 apostles).
To always be in the middle of everything.
Stare sempre in tredici (come Gesù, il tredicesimo in mezzo ai 12 apostoli).
Stare sempre in mezzo in ogni situazione.

Essere nu figlio 'e ntrocchia.
To be a son of a bitch.
To be very astute.
Essere un figlio di puttana.
Essere molto furbo.

Dà 'e nummere.
Lit. To spout numbers.
To be demented.
Dare i numeri.
Essere demente.

Fà fà 'e nummere.
To provide lottery numbers.
To surprise the bystanders with actions so strange they can deduce numbers to play in the lottery.
Far fare i numeri.
Fare sbigottire i presenti per l' accaduto da cui alcuni di essi ricavano i numeri da giocare al lotto.

Fà nuovo nuovo.
Lit. Making somebody new new (very new).
To beat someone black and blue.
Fare nuovo nuovo.
Conciare per le feste.

Nuttata chiara chiara.
Lit. Night white white (very white).
Sleepless night.
Nottata chiara chiara.
Nottata in bianco.

Phrasings/Frasario: N

'A mala <u>nuttata</u> e 'a figlia femmena.
A bad night and (the birth of) a daughter (once considered to be of little value).
Double trouble, to be in two fixes simultaneously, said when everything goes all wrong.
La cattiva nottata e (il parto della) figlia femmina (considerata in passato di poco valore).
Si dice quando le cose vanno tutte male.

Fà tutta na <u>nzalata</u>.
To mix up everything in a salad.
To jumble different things together.
Fare tutta un' insalata.
Fare un miscuglio di cose diverse.

Phrasings / Frasario: O

È ommo ca nun fa carte.
He is a man that does not set up papers (written agreements).
He is a man with whom there is nothing to do.
È uomo che non fa carte
È un uomo con il quale non c'è niente da fare.

Scarda 'e ommo.
Splinter of man.
Man of no worth.
Scheggia di uomo.
Uomo da niente.

Tené 'e mmane d' oro.
To have golden hands.
To be capable of all types of work, even fine work.
Avere le mani d' oro.
Essere abile in ogni lavoro.

È nu sacco d' ossa.
He's a sack of bones.
He's a skeleton, he's a very skinny person.
È un sacco di ossa.
È molto magro, uno scheletro.

Jì int' a ll' ossa.
To go into the bones.
Going with a purpose.
Andare nelle ossa.
Andare a proposito.

Lassarce ll' ossa.
Lit. Leaving there the bones.
To die in that spot.
Lasciarci le ossa.
Morire in un posto.

Tené ll' ossa 'a fore.
To have the bones out (in plain view).
To be very skinny.
Avere le ossa da fuori.
Essere molto magro.

Phrasings/Frasario: O

Rompere ll' <u>ova</u> rint' ô panaro.
Break the eggs in the basket.
Harming someone.
Rompere le uove nel paniere.
Danneggiare qualcuno.

Accunciarse quatt'<u>ova</u> int' 'o piatto.
To ensure four eggs onto one's dish.
To put one's affairs in order.
Assicurarsi quattro uova in un piatto.
Sistemare propri affari per bene

Phrasings / Frasario: P

Scippà 'e paccare 'a mano.
Lit. To pull slaps from the hand.
Having an attitude that invites slaps in the face.
Tirare gli schiaffi dalla mano.
Avere una faccia da schiaffi.

Stà cu 'e ppacche int''a ll'acqua.
To be up to the buttocks in water.
To be very poor.
Stare con le natiche nell' acqua.
Stare in miseria.

Fà 'o pacco.
To make up a package.
To swindle a client by filling a package with junk instead of the merchandise requested.
Fare il pacco.
Truffare, bidonare rifilando un pacco senza la merce voluta.

Stà parapatte e ppace.
To have paid the accounts in full.
Stare pari e patta e pace.
Essere pari con i conti.

Stà pace.
Lit. To be (in) peace.
To be paid in full.
Stare (in) pace (pari).
Pattare i conti o al gioco.

Comme pagazio, accussì pittazio.
As soon as I am paid, I start painting.
As soon as I am paid, I will start on the job.
Come sono pagato, così dipingo.
Come sono pagato, così eseguirò il lavoro.

Vulé paglia pe cciente cavalle.
To demand hay for a hundred horses.
Having a bullying, arrogant behaviour with exorbitant demands.
Volere paglia per cento cavalli.
Avere un comportamento prepotente, arrogante con pretese esose.

Nu palazzo 'e casa.
Lit. A palace of a house. A house as big as a palace.
A very large house.
Un palazzo di casa.
Una casa molto grande.

Phrasings/Frasario: P

Sbaglià 'o palazzo.
To enter the wrong building.
To be mistaken about a person.
Sbagliare il palazzo.
Sbagliarsi sul conto di una persona.

Ammesurate 'a palla.
To measure the ball (of the cannon. Referring to the large cannons and balls used in the past).
Pay close attention to what you do if you want to avoid problems.

Fà palla corta.
To throw a short ball (billiards or bowling).
Not to achieve the desired result.
Fare palla corta (al biliardo o alle gioco delle bocce).
Non raggiungere il risultato voluto.

Abbuffà 'o pallone.
To inflate the ball.
To execute (ironically) or to botch up a difficult task.
Gonfiare il pallone.
Abborracciare, raffazzonare o eseguire un compito non facile.

Jì, stà int' 'o pallone.
To go, to be in a balloon.
Going into raptures, to be happy.
Andare, stare nel pallone.
Andare in sollucchero, essere felice.

Perdere a fFelippo e 'o panaro.
Lit. Losing Filippo and the basket.
Losing everything.
Perdere Filippo e il paniere.
Rimetterci tutto.

N' hê 'a magnà pane!
You have to eat a lot of bread!
So the boys are told that would like to behave as adults.
Ne devi mangiare di pane!
Si dice ai ragazzi che vorrebbero comportarsi da adulti.

A cchi me da 'o ppane io 'o cchiamme pate.
The person who gives me bread I will call father.
A chi mi dà pane io lo chiamo padre.
Chi mi sostenta è come un padre per me.

Phrasings/Frasario: P

Arrubbà 'o ppane.
Stealing the bread.
Not to carry out one's duties.
Rubare il pane.
Non adempiere al proprio lavoro.

Azzuppà 'o ppane.
To sop up the bread.
To enjoy teasing someone about topics on which he is very sensitive.
Inzuppare il pane.
Godersela a prendere in giro qualcuno su argomenti su cui è molto sensibile.

'O pataterno dà 'o ppane a cchi nun tene 'e diente e 'e viscuotte a cchi nun s' 'e ppo' rusecà.
The Almighty gives food to people without teeth and cookies to people who can't chew them.
Expression used about people who have enjoied a success without working for it and are not even able to enjoy it.
Il Padreterno dà il pane a chi non ha i denti e i biscotti a chi non può rosicchiarli.
Si dice per indicare persone che hanno ottenuto benefici non per merito e che non sono in grado nemmeno di goderne.

Carè 'e panne 'a cuollo.
To have one's clothes fall off the butt.
Being too skinny.
Cadere dei panni da dosso.
Essere eccessivamente magro.

Ascì 'a fore ê panne.
To pop out of your clothes.
To be astonished (out of happiness).
Uscire fuori dei panni
Uscire fuori di sé dalla contentezza.

Nun capé int"e panne.
Not stepping into one's clothes.
Not feeling one's skin for happiness.
Non entrarci nei panni.
Non starci nella pelle per la felicità.

Scenneresenne 'a rint' 'e panne.
To shrink into one's clothes.
To become thin, or to become discouraged.
Scendersene dentro i panni. Dimagrirsi, scoraggiarsi.

Phrasings/Frasario: P

Scutuliarse 'e panne.
To shake out one's clothes.
To extricate oneself from something.
Scuotere i vestiti.
Estromettersi da una cosa.

Nturzà 'a panza a una.
To make the belly of a woman bigger.
To make someone pregnant.
Gonfiare la pancia ad una (donna).
Ingravidare una.

Rattarse 'a panza.
Scratching one's belly.
To be idle.
Grattarsi la pancia.
Stare in ozio.

Tené 'a panza azzeccata cu 'e rine.
Having the belly attached to the kidneys.
Being skinny like a stick.
Avere la pancia attaccata alle reni.
Essere magro come un chiodo.

Stà comm' a nu papa.
To live like a pope.
To live very well.
Stare come un papa.
Stare molto bene.

Ll' acqua è ppoca e 'a papera nun galleggia.
Water is scarce and the goose does not float.
Finances are limited and you can't get things done.
L'acqua è poca e la papera non galleggia.
Le finanze sono poche e non si riesce a mandare avanti la baracca.

Tené 'e pappece ncapa.
Having the weevils in the head.
Being a moron.
Avere i tonchi in testa.
Essere cretino.

Nun ce pare !
He doesn't seem like it!
Expressionto indicate a hidden feature of a person.
Non ci pare!
Espressione per indicare una caratteristica nascosta di una persona.

Phrasings/Frasario: P

Parla comme t' ha fatto mammeta!
Speak as your mother made you!
Speak simply and clearly.
Parla come ti ha fatto tua madre.
Parla in modo semplice e chiaro.

Parlà addó va va, parlà a schiovere.
To talk randomly about this and that, to make it rain words.
Talking nonsense, to talk through one's hat.
Parlare dove (come) va, parlare a piovere (a dirotto).
Parlare a vanvera.

Parlà muzzecato 'e uno.
To talk bitingly of someone.
To badmouth somebody.
Parlare morsicato di uno.
Sparlare di uno.

Parlà nfaccia ô muro.
Speaking to the wall
Speaking when nobody will listen.
Parlare di fronte al muro.
Parlare invano.

Mparate a pparlà e nun a ffaticà.
Learn to speak instead of learning to work.
A good speaker will not have to stoop to manual works for a living.
Impara a parlare e non a lavorare.
Un buon oratore non dovrà adattarsi ai lavori manuali per vivere.

Lavarse 'a vocca primm' 'e parlà.
To wash our mouth before speaking.
To speak with respect.
Lavarsi la bocca prima di parlare.
Parlare con rispetto.

Fà 'o pparo e 'o sparo.
To decide if a playing card is odd or even.
To take care of our own accounts.
Fare il pari e il dispari.
Fare i propri conti..

'A parola.
The word.
The word of honor.
La parola.
Parola d'onore.

Phrasings/Frasario: P

Rà parola.
To give the word.
To make a promise of marriage.
Dare parola.
Fare promessa di matrimonio.

Tené 'a parola superchia.
To have a word too many.
To have the last word with an arrogant attitude.
Tenere la parola superflua.
Avere un atteggiamento arrogante per avere l'ultima parola in un colloquio.

Mazzecà 'e pparole.
To mumble one's words.
Masticare le parole.
Biascicare le parole.

Tira' 'e pparole 'a vocca cu 'e ttenaglie.
To take the words out of somebody's mouth with a pair of pincers.
Having a hard time making somebody speak.
Tirare le parole dalla bocca con le tenaglie.
Sollecitare qualcuno a parlare.

Fà 'a parte sustenuta.
To act aloof.
To be stand-offish.
Fare la parte sostenuta.
Stare sulle proprie.

Fà a pparte cu uno.
To share something of value in equal parts with someone.
Fare a parte con uno.
Dividere con uno.

Fà na parte a uno.
Lit. To do a part, a scene with someone.
To give someone a scolding.
Fare una parte ad uno.
Fare una ramanzina ad uno.

Doppo Pasca vieneme pesca.
After Easter, come and fish me out.
Let's talk about it after Easter: expression used to put something off indefinitely.
Dopo Pasqua vienimi a pescare.
Se ne parla dopo Pasqua, si dice per rimandare una cosa a tempo indefinito.

Phrasings/Frasario: P

Addó t'he fatto Pasca fatte pure Natale!
Where you spent Easter spend Christmas as well!
Do not turn to me now that you have no more choices.
Dove hai fatto Pasqua fatti pure Natale!
Non ripiegare su di me ora che non hai più scelta.

Passà e spassà.
Passing through and passing by again.
To pass by a place over and over again.
Passare e ripassare.
Passare e ripassare frequentemente per un posto.

Passa llà !
Get lost! Go away!
Said to dogs.
Passa là !
Va via! Detto ai cani.

Passà pe ccoppa.
To pass above (a misfortune).
Do not take it badly.
Passare per sopra.Non prendersela.

'E pazze stanno 'a fora, 'e sane 'a rinto.
Crazy people are out, people of sound mind are inside (asylums).
Expression used for people that are at the mercy of nonsensical decision makers.
I pazzi stanno fuori, i sani dentro.
Si dice quando si è in balia di persone che decidono cose insensate.

Pigliarse nu passaggio.
Lit. To take a passage, to make a sexual advance.
Groping a woman.
Pigliarsi un passaggio.
Palpeggiare una donna.

Farne passo.
To go one step (backward).
To refuse one's turn in a game or an invitation.
Farne passo (indietro).
Rifiutare il gioco o un invito.

Phrasings/Frasario: P

'E una pasta.
Of the same paste, of the same make.
Of the same character.
Di una pasta.
Dello stesso carattere.

Pate sparagnatore, figlio scialacquatore.
Thrifty father, spendthrift son.
Padre economo, figlio sprecone.

Fà 'o patto c' 'a morte.
To make a pact with death.
To make a pact for something impossible.
Fare il patto con la morte.
Fare il patto per una cosa impossibile.

Avenne, putenne, pavanne.
Having, being able, paying.
Having money, having it available, being able to pay.
Avendo, potendo, pagando.
Avendo il denaro, potendone disporre, si potrebbe pagare.

Fà ll'arte d' 'e pazze.
Lit. Making the art of the insane.
Doing everything and anything to achieve a specific purpose.
Fare l' arte dei pazzi.
Fare qualunque cosa per uno scopo.

Deventà 'a pazziella p' 'e ccriature.
To act up like a toy for children, even fig.
Diventare il giocattolo per bambini, anche in senso fig. .

Piglià a ppazziella.
To take things like a game, lightly.
Do not take it seriously.
Pigliare a giocattolo.
Non prendere sul serio.

Rà 'a pazziella mman' ê ccriature.
To put toys in the hands of children.
To entrust a job to incompetent people.
Dare il giocattolo in mano ai bambini.
Affidare un incarico a gente incompetente.

Phrasings/Frasario: P

E' asciuto pazzo 'o patrone.
The boss went mad.
Expression used for a sudden change of behavior in a person (excessive penny pinching, shabby dressing, etc.).
È diventato pazzo il padrone
Si dice per un cambiamento improvviso del comportamento abitudinario (parsimonia, trascuratezza nel vestire, ecc.) di una persona.

Nce và sotto 'o justo p' 'o peccatore.
Lit. The innocent goes under for the culprit.
The innocent pays for the misdeeds of the culprit.
Ci va di sotto il giusto per il peccatore.
La sconta il giusto per il peccatore.

'O libbro d' 'o ppecché.
The book of tell me why.
Book invoked when the cause of something is unknown.
Il libro del perché.
Libro invocato quando non si può conoscere la causa di qualcosa.

Pede catapede.
One foot in front of the other.
One step after another.
Piede dopo piede.
Passo passo, a piedi

Mettere penna ncarta.
To put pen to paper.
To put it in writing.
Mettere penna in carta.
Mettere per iscritto.

Una ne fa e cciento ne penza.
He does one thing and comes up with another 100 things.
Expression used for a person full of ideas and initiatives.
Una ne fa e cento ne pensa.
Si dice di una persona ricca di idee e iniziative.

Penzarce 'a coppa.
To think it over.
To change one's mind.
Pensarci da sopra.
Ripensarci, cambiare parere.

Phrasings/Frasario: P

C' 'o penziero.
Lit. With the thought. Fantasizing over something.
Expression used for something impossible.
Con il pensiero.
Detto di cosa impossibile.

Metterse c' 'o penziero.
To keep the mind on it.
To be very interested.
Mettersi con il pensiero.
Interessarsi molto.

Mettere 'o ppepe nculo â zoccola.
Sticking pepper up the rat's ass
Stirring up trouble.
Mettere il pepe nel culo del ratto
Sobillare, attizzare il fuoco.

Tené 'o ppepe arreto, nculo.
To have pepper up your ass.
To be full of life.
Tenere il pepe indietro, in culo.
Essere tutto pepe.

Pavà 'e pperacotte, fà pavà 'e pperacotte.
To pay for the stewed pears, to charge for the stewed pears.
To expiate past transgressions or to punish others for transgressions.
Pagare le pere cotte, far pagare le pere cotte.
Scontare conseguenze sgradite o far scontare le stesse.

Nun lassà 'e pere.
Do not leave someone on foot, free.
To keep someone under strict surveillance.
Non lasciare a piede (libero).
Avere una persona sotto la propria stretta sorveglianza.

Mettere pere.
To put a foot on the ground, to take root.
Mettere piede.
Attecchire.

Mettere pere nnanz' a uno.
To put one foot in front of someone.
To stop someone.
Mettere piede davanti ad uno.
Impedire uno.

Phrasings/Frasario: P

Mancà 'o pere.
To lose one's footing, to slip.
To stumble
Mancare il piede.

Tené 'o pere lieggio.
Lit. To have a light foot, an easy step.
To be able to walk long distances effortlessly.
Tenere il piede leggero.
Camminare a lungo senza sforzo.

Fà nu reto pere.
To put a foot backward.
To make a left-handed deal.
Fare un piede indietro.
Fare un tiro mancino.

Tené 'e pesielle.
Lit. To have peas.
To have money.
Tenere i piselli.
Tenere i soldi.

Piglià pesule pesule.
To handle delicately suspended objects.
To take up delicate objects while keeping them suspended without crushing them.
Pigliare sospeso sospeso (leggermente)
Prendere oggetti delicatamente tenendoli sospesi senza comprimerli.

Petrusino ogne menesta.
Parsley (in) every soup.
To be a busybody.
Prezzemolo (in) ogni minestra.
Si dice di chi si intrormette in ogni cosa.

Stà sott' 'a pettula d' 'a mugliera, d' 'a mamma, ...
To be under the skirt of the wife, of the mother, of....
To be tied to the apron strings of the mother, the wife, etc.
Stare sotto la gonnella (il comando) della moglie, della mamma, ...

Na bbona pezza.
A good rag.
A disreputable person.
Una buona pezza.
Una persona poco raccomandabile.

Phrasings/Frasario: P

Truvà 'a pezza a cculore.
To find the patch of the same color.
To find a fitting excuse.
Trovare la pezza a colore.
Trovare la scusa adatta.

A ccà 'e ppezze e a ccà 'o ssapone.
Lit. Here are the rags and here is the soap.
Ready to pay cash.
Qua le pezze e qua il sapone.
A pronti contanti.

Mettere 'e ppezze.
To sew up patches.
To patch things up, to make amends.
Mettere le pezze.
Rattoppare, rimediare.

Tené 'e ppezzenculo.
To have patches on the seat of one's pants, to be poor.
Tenere le pezze sul culo.
Avere le toppe ai fondelli dei pantaloni, essere in miseria.

Piglirse 'a pezzecata.
To get a pinch.
To be ironic.
Pigliarsi la pizzicata.
Fare ironia.

Jì pezzenno.
To go begging.
Andare da pezzente.
Essere pezzente, andare elemosinando.

Fà pezzulle pezzulle.
To cut in small pieces.
Fare pezzetti pezzetti.
Fare in piccoli pezzi.

Me piace....
I like...
...it pleases me, ironic expression to introduce a disappointment.
Mi piace.....(espressione ironica per introdurre un disappunto).

Phrasings/Frasario: P

Si te fa piacere , a ppiacere vuosto.
If it please you.
Please.
Se ti fa piacere, a piacere vostro.
Per piacere.

Aggiu piantate vruoccole e sso' asciute caulisciure.
I planted broccoli and cauliflowers sprouted up.
I was waiting for something, but I achieved something different.
Ho piantato broccoli e sono spuntati cavolfiori.
Aspettavo una cosa ma il risultato voluto non è quello ottenuto.

Fà 'o piattino.
Lit. Making a saucer.
To do damage, a spiteful trick.
Fare il piattino.
Fare un tiro mancino.

Nun ammo maje magnato int' 'o stesso piatto.
We never ate from the same plate.
Expression used referring to keeping a distance with an intrusive person.
Non abbiamo mai mangiato nello stesso piatto
Si dice per mantenere le distanze con persona troppo invadente.

Piglià nu piccio.
To have a long mournful cry.
Prendere un pianto lamentoso.
Piangere lamentosamente.

'A sciorta d' 'o piecuro: nasce curnuto e mmore scannato.
The fate of a ram: he is born with horns on and dies slaughtered.
Expression used for people who are particularly unfortunate.
La sorte del pecoro: nasce cornuto e muore scannato.
Si dice di chi è particolarmente sfortunato.

Stà ê piere 'e Pilato.
Stand at the feet of Pilate.
Beingin a bad situation.
Stare ai piedi di Pilato.
Essere in cattiva situazione.

Ascì cu 'e piere annanze.
To leave a room feet first
Expression used to indicate the exit of somebody who is dead.
Usire con i piedi avanti.
Uscire da morto.

Phrasings/Frasario: P

Ncasà 'e piere nterra.
To put down one's feet on the ground
To persist, to persevere.
Piantare i piedi a terra.
Ostinarsi, perseverare in qualcosa.

Ntustà 'e piere nterra.
To stand with one's feet on the ground.
To persist.
Irriggidire i piedi a terra.
Mantenere il proprio proposito.

Tirà 'e piere.
To drag one's feet.
Bringing harm to someone's business by procrastinating, because of envy or malice.
Tirare i piedi.
Dannegiare gli affari di una persona per invidia o malvagità.

A ppietto a mme.
Lit. In front of my chest.
In comparison with me.
A petto a me.
In confronto a me.

Mpietto a ..., 'e pietto a... .
Lit. To the chest. In front of...
In petto a ... , di petto a ...
Di fronte a...

Piglià 'e pietto.
Li.To take by the chest. To face head on.
To face a person or a situation decisively.
Pigliare di petto.
Affrontare una persona o una situazione con decisione.

Piezzo 'e catapiezzo.
Lit. Piece of a big piece of..., without specifying the insulting word.
Pezzo di gran pezzo.
Gran pezzo di..., senza specificare la parola ingiuriosa.

Fà piezzo piezzo.
Lit. Making pieces pieces.
To break something in pieces.
Fare pezzo pezzo.
Fare a pezzetti.

Phrasings/Frasario: P

Tené 'o piezzo.
To have one (important) piece.
To have money.
Tenere il pezzo.
Avere soldi.

Farse unu piezzo.
To become one solid piece.
To freeze.
Farsi un solo pezzo.
Congelarsi.

Fà 'o piglia e pporta.
To be one who takes and carries (messages, errands).
Expression used for one who is an informer, a spy.
Fare il piglia e porta (ambasciate).
Si dice di uno che fa il delatore, la spia.

Tenè 'e ppigne ncapa.
Having the head full of pine cones.
To be mentally impaired.
Avere le pigne in testa.
Mancare di raziocinio.

Spignarse nu pigno.
To take a loan with a collateral.
To incur great expenses.
Spegnarsi un pegno.
Sopportare una grossa spesa.

Tenè 'e pile ncopp' ô core.
To have hair over one's heart.
To be insensitive.
Tenere i peli sul cuore.
Essere insensibile.

Jì pe ppile e pe ppenne.
Searching around for hair and feathers.
Being very careful with one's interests.
Andare per peli e per penne.
Si dice per chi è molto attento ai propri interessi.

Pilo pilo.
Lit. Hair hair.
Meticulously, in great detail.
Pelo pelo.
Minuziosamente.

Phrasings/Frasario: P

A ppilo a ppilo addeventaje zella.
Hair after hair he became bald.
By spending money day in and day out we can lose even a large fortune.
A pelo a pelo diventò calvo.
Con il consumo continuo anche una grossa sostanza sparisce.

Fà 'e nu pilo na trava.
To make a hair into a pole.
To make a mountain out of a mole-hill, to overreact.
Fare di un pelo una trave.
Ingigantire cose da nulla.

Alliscià 'o pilo.
Making the hair straight.
To give a good wipping.
Lisciare il pelo.
Picchiare.

Scennerse 'o pinnolo ncuorpo.
To swallow a pill all the way down the gullet.
Take the hit.
Scendersi la pillola in corpo.
Incassare il colpo.

Pippa appilata.
Clogged pipe.
To be stingy.
Pipa otturata.
Avaro.

Fa acqua 'a pippa.
The pipe (the penis) leaks.
Things are not going well.
Fa acqua la pipa (il pene).
Le cose vanno male.

Appiccià 'a pippa.
To light the pipe.
To give an interminable talk.
Accendere la pipa.
Fare un discorso interminabile.

Phrasings/Frasario: P

Attaccà 'a pippa.
To start smoking a pipe.
To keep talking on and on and on.
Attaccare (a fumare) la pipa.
Cominciare a parlare senza più smettere.

I' te conosco piro a II'uorto mio.
I know you well, pear tree in my garden.
I know you well, you are not going to pull wool over my eyes.
Io ti conosco pero nel mio orto.
Ti conosco bene, non me la dai da bere.

Farse piscià rint' â sacca.
To have somebody pee in one's pocket.
To be totally overwhelmed.
Farsi pisciare nella tasca.
Farsi sopraffare.

Tené nu pisemo ncopp' 'o stommaco.
To feel a stone over one's stomach.
To mull over a big problem.
Tenere un peso sopra lo stomaco.
Avere una preoccupazione.

Pittà na perzona.
To paint a person.
To describe someone perfectly, possibly with malice.
Pittare una persona.
Descrivere una persona perfettamente, anche malignamente.

Stà pittato ncuollo.
It is painted on.
(The dress) fits perfectly.
Sta pittato addosso
Si dice di vestito che sta a pennello addosso.

Darse nu pizzeco ncopp' â panza.
To pinch one's own stomach.
To have to endure something against their own will.
Darsi un pizzico sulla pancia.
Sopportare qualcosa contro la propria volontà.

Phrasings/Frasario: P

Tené 'o pizzo bbuono.
To have a good beak (mouth) .
To have a good appetite.
Tenere il becco buono.
Essere di buon appetito.

Po' po'.
Lit. Later later.At a future date.
At a future undetermined time.
Poi poi.
A tempo indeterminato.

Poco poco ca
Lit. Almost almost if.
Almost if...
Poco poco che.
Quasi che.

A n' atu ppoco.
In a short time from now.
A un altro poco.
Tra poco.

Accà a n' atu ppoco.
Within a short time from now.
Di qua a un altro poco.
Di qui a poco.

Scusate si è ppoco.
Excuse me if it is so little, said ironically.
Scusate se è poco. Si dice in senso iron.

Faje 'stu ppoco.
You do this little bit,(ironically).
You must do all of it.
Fai questo poco (in senso iron.).
Fai tutto questo.

Stà a pporta.
To live next door.
Stare a porta.
Abitare accanto.

Tené 'a povere ncopp' ê rrecchie.
Having dust on the ears.
To be homosexual.
Avere la polvere sulle orecchie. Essere omosessuale.

Phrasings/Frasario: P

Levarse 'a preta 'a int' 'a scarpa.
To remove the stone from inside the shoe.
To take revenge on a wrong.
Togliersi la pietra da dentro la scarpa.
Vendicarsi di un torto.

Ah, trent'anne arreto, era tuosto comm' a na preta.
Oh, thirty years ago, it was hard as a rock!
Said to regret the sexual power of youth.
Ah, trent'anni indietro, era duro come una pietra!
Detto per rimpiangere la potenza sessuale in gioventù.

Servì a uno comm' 'o prevete a ll'altare.
Serving somebody like a priest at the altar.
Being totally available in the service of somebody.
Servire uno come il prete all' altare.
Servire uno mettendosi completamente a disposizione.

Tené 'o prevete â casa.
Having the priest in the house.
Being in very good economic conditions.
Avere il prete in casa.
Stare in agiate condizioni economiche.

Frìsco a ll' aneme d' 'o priatorio, a rrefrìsco 'e ll' aneme d' 'o priatorio.
A cool moment of respite for the souls of purgatory.
A moment of respite for the souls of purgatory.
Fresco alle anime del purgatorio, a rinfresco delle anime del purgatorio.
A suffraggio delle anime del purgatorio.

Oh aneme d' 'o priatorio !
Oh souls of the purgatory! Finally!
Oh anime del purgatorio! Finalmente!

Scarte fruscio e vvene primera.
Discard 'fruscio' (4 cards of the same suit) and you get 'primiera' (combination of 4 cards all of different suit that is worth more than the 'fruscio').
In an ironic sense it means that one's position has improved, but while a trouble has been avoided a worse one has arrived: get out of one unpleasant thing just to run into something worse.
Scarti fruscio (4 carte dello stesso colore) e viene primiera ((combinazione di 4 carte tutte di diverso colore che vale più del fruscio).
In senso ironico significa che si è migliorata la propria posizione, in realtà si è evitato un guaio e ne è venuto uno peggiore.

Phrasings/Frasario: P

'A primma è d' 'e ccriature.
The first (game, or also class in school) is for children.
Expression of consolation.
La prima (partita) è dei bambini.
Si dice per consolarsi.

Essere primmo 'e...
To be the first one of ...
To be the oldest one to ...
Essere primo di ...
Essere più anziano di...

'O primmo ca s'aiza cummanna.
The first one to wake up will be the boss.
It is said when there is nobody to manage efficently a company.
Il primo che si alza comanda.
Si dice quando non c'è nessuno a dirigere stabilmente in una società.

Prorere 'a capa 'e ...
The head feels itchy to..
To have an itch to do something illegal or wrong.
Prudere la testa di ...
Avere il capriccio di fare una cosa illecita, sbagliata.

Vennere c' 'a prova.
To sell using a sample, expression used for goods sold out of an open box.
Vendere con la prova.
Si dice di beni venduti aperti.

Cap' 'e provola.
Head made of 'provola' (small, sample-sized cheese).
Stupid person.
Testa di provola.
Persona poco intelligente.

Prumette certo e vvene meno sicuro.
He promises with certainty and inevitably feels less ready to fulfill the promise
Expression used for a person who does not keep its promises.
Promette con certezza e viene meno sicuramente,
Si dice di una persona che non mantiene le promesse.

Essere na meza pugnetta.
Lit. Being a half-dick (small masturbated penis).
To be of small stature, to be of little worth.
Essere una mezza masturbazione.
Essere di bassa statura,valer poco.

Phrasings/Frasario: P

Mannà ô paese 'e Pulecenella.
To send to country of Punchinello.
To send to hell.
Mandare al paese di Pulcinella.
Mandare al diavolo.

Pure 'e pullece teneno 'a tossa.
Even the fleas have a cough.
Said about incompetent people who want to have a say about something.
Pure le pulci hanno la tosse.
Si dice di incompetenti che vogliono avere voce in capitolo.

'A pulizia è ssempe bbona, 'a fora 'e chella d' 'a sacca.
Cleaning is always good, except the one of the pockets.
La pulizia è sempre buona, fuorché quella della tasca.

Truvà 'o pullasto.
To find a poor stupid turkey (lit. chicken).
To find a sucker.
Trovare il pollastro.
Trovare uno sciocco da ingannare.

Pullicino int' â stoppa.
A chick in the straw.
Awkward, clumsy person.
Pulcino nella stoppa.
Persona impacciata.

Mettere nu punto.
Stitch up something.
To mend something roughly.
Mettere un punto.
Rammendare alla meglio.

Fà carne 'e puorco.
To cook a piece of pork.
To amuse himself, to make large profits.
Fare carne di porco.
Sollazzarsi; anche lucrare, ottenere il massimo guadagno.

Mettere a uno ncopp' a nu puorco.
To put someone on a pig.
To speak ill of someone, holding up him to ridicule.
Mettere uno su un porco.
Parlar male di uno, facendolo scherno degli altri.

Phrasings/Frasario: P

Tené 'o puorco mmano.
To hold the pig in one's hands.
To Impose one's own conditions in an agreement or in a situation.
Tenere il porco in mano.
Imporre le proprie condizioni in un accordo o in una situazione.

Puorto 'e mare.
Commercial seaport.
Establishment frequented by all sorts of people.
Porto di mare.
Locale frequentato da gente di ogni tipo.

A ppane e ppuparuole.
Like a snack with bread and peppers.
Off-hand, simply.
A pane e peperoni.
Alla buona, con semplicità.

Fà ll'opera d' 'e pupe.
To put up a marionette theater.
To scramble to achieve something.
Fare lo spettacolo delle marionette.
Affannarsi oltremodo per ottenere qualcosa.

Fà 'e purmune fracete.
To make the lungs drippy sodden.
To shout oneself hoarse.
Fare i polmoni fradici.
Spolmonarsi.

Tené 'a purpetta mmocca.
To have the meatball in one's mouth.
To talk with one's mouth full.
Avere la polpetta in bocca.
Parlare con le noci in bocca.

Levà 'a purpetta 'a rint' ô piatto.
To remove the meatball from the dish.
To pilfer.
Levare la polpetta dal piatto.
Sgraffignare.

Essere nu purpo.
To be an octopus, said of a very ugly woman.
Essere un polpo.
Si dice di donna molto brutta.

Phrasings/Frasario: P

Purtà 'a machina.
To drive the car.
Portare la macchina.
Guidare l'automobile.

Nun puterce cu...
To be unable to compete with ...
Non poterci con...
Non farcela con...

Tenè 'a puzza sott' ô naso.
Lit. To have a stink under the nose.
To be a fussy person.
Tenere la puzza sotto il naso.
Essere schifiltoso.

Puzzarse 'e famme, 'e friddo, etc.
To smell of hunger, cold, etc.
To be very hungry, very cold, etc.
Puzzarsi di fame, di freddo, etc.
Avere molta fame, molto freddo, etc.

P.Bello L.Clark M.T.Fedele

Phrasings / Frasario: Q

Chesto va pe qquanno...
This counts for when ....
This pays what is received earlier ...
Questo va per quando....
Con questo si sconta quello ricevuto prima ...

Fà n' asciuta 'e quarto.
Lit. To make a way out of fourth (position of fencing to find the target).
To have an outburst of anger.
Fare un'uscita di quarto (posizione della scherma per scoprire il bersaglio).
Arrabbiarsi esageratamente.

Stà 'e quarto.
Staying with the fourth (of the moon).
To be angry.
Stare con il quarto (di luna).
Avere i nervi.

Fà quatto e qquatt' otto.
Lit. To do four and four make eight.
To do it quickly.
Fare quattro e quattro otto.
Fare alla spiccia.

P.Bello L.Clark M.T.Fedele

Phrasings / Frasario: R

Aje raggione ca... (+ verb/+verbo).
You are right to... (+ verb)
That's why you...(+verb)
Hai ragione che...(+ verbo).
È perché tu .... (+ verbo).

Magnà 'e rasso.
Lit.: to eat fat things.
To be offered a sumptuous meal, iron. when the meal is really extremely frugal.
Mangiare di grasso.
Modo di dire iron. quando il mangiare offerto è stato assai scarso.

Tené 'o rrasso ô core.
Lit.: to have fat on the heart.
To live extravagantly and wastefully.
Tenere il grasso al cuore.
Vivere nell' abbondanza, anche sprecando.

Farse na rattata.
Scratching oneself, an act of exorcism.
Farsi una grattata.
Operazione di scongiuro.

Acalà 'e rrecchie.
To put down the ears.
To look down.
To put an end to an arrogant attitude.
Abbassare le orecchie.
Smettere un atteggiamento borioso.

Appizzà 'e rrecchie.
To prick up one's ears.
To try to catch a conversation.
Appuntare le orecchie.
Tendere le orecchie.

Dà ncopp' ê rrecchie.
To box somebody's ears.
Dare sulle orecchie.
Pigliare a scapaccioni.

Phrasings/Frasario: R

Iegnere 'e rrecchie.
To fill somebody's ears.
To incite, to urge on.
Riempire le orecchie.
Aizzare.

Levà 'e rrecchie.
To disturb the ears.
To disturb by shouting or talking.
Levare le orecchie.
Disturbare gridando o parlando.

Spilarse 'e rrecchie.
Lit. To unplug one's ears.
Clean the wax out of your ears
Sturarsi le orecchie.
Ascoltare bene.

'O Signore, 'a Maronna t' 'o rrenne.
The Lord, our Lady will repay you.
Form of thanks.
Il Signore, la Madonna te lo rende.
Forme di ringraziamento.

Tené 'e rrennete spase ô sole.
Lit.To have an income stretched out in the sun.
To be immensely rich.
Avere le rendite stese al sole.
Essere straricco.

Mpizzarse 'e renza e mmetterse 'e chiatto.
Entering sideways and then take center stage.
Describing those who, to have a job or get into a deal, begin modestly and then take charge completely.
Infilarsi di traverso e mettersi di fronte.
Si dice di chi, per avere un impiego o entrare in un affare, è di poche pretese e successivamente si fa valere in pieno.

Schiattarse d' 'e rresate, farse ll'anema d' 'e rresate, farse na panza 'e resate.
To laugh until you burst, to fill up even the soul of laughter, getting a belly full of laughter.
To split one's sides laughing.
Scoppiare di risate, farsi l'anima delle risate, farsi una pancia di risate.
Ridere a crepapelle.

Phrasings/Frasario: R

'A reto ô vico.
Down the alley.
Around the corner, iron.,meaning very far away.
Dietro il vicolo.
Dietro l'angolo iron. , cioè molto lontano.

Stà a rreto a rreto.
Lit. To be behind behind. To be always in the rear. (A word is doubled to empha-size its strength)
To follow somebody everywhere, even fig.
Stare indietro indietro.
Seguire uno ovunque, anche in senso fig.

Frisco 'e rezza.
Fresh from the net.
Freshly caught.
Fresco di rete.
Appena pescato.

Dicette 'o miedeco 'e Nola: chesta è 'a ricetta e ca dDio t' 'a manna bbona.
The doctor from Nola said: here is the prescription and may God protect you (lit. may God send you a good one)
This expression means that the physician has done everything he could and now it is up to the patient to rely on the goodness of God.
Disse il medico di Nola: questa è la ricetta e che Dio te la mandi buona.
La locuzione sta a significare che il medico ha fatto tutto il possibile per risolvere il problema del paziente che deve anche affidarsi alla bontà di Dio.

Vulé 'o riesto.
To want the remainder.
To demand more money even after having already been paid.
Volere il resto.
Pretendere ancora pur essendo stato risarcito.

Jesce â via 'e rinto!
Lit. Go the way that goes back!
Go home!
Let. Esci alla via di dentro!
Vattene a casa!

Phrasings/Frasario: R

Pisciarse sotto p' 'a risa.
To wet one's pants from laughing hard.
To split one's sides laughing.
Pisciarsi sotto per la risa.
Crepare per le risa.

Risponnere a cculore.
To respond with the same suit (lit. the same color).
To throw a card of the same suit played by others.
Rispondere a colore.
Tirare una carta del seme già giocato da altri.

Tené 'o vizio 'e risponnere.
Lit. To have the vice of retorting.
He keeps talking back. Expression used for naughty children or rude people.
Tenere il vizio di rispondere.
Espressione usata per ragazzi o dipendenti poco rispettosi.

Tené tutte 'e vizie d' 'a rosamarina.
To be as bad as the rosemary (lit.: to have all the vices of the rosemary, plant of little value in places where it grows wild.)
To have all possible defects. To be completely bad.
Avere tutti i vizi del rosmarino, pianta di scarso valore.
Avere tutti i vizi possibili.

Fà a ll'acqua 'e rose.
To act as blandly as rose water.
To do things superficially.
Fare a l'acqua di rose.
Fare superficialmente.

Rotele scarze.
Scanty Rotoli (Rotolo: ancient Neapolitan unit of weight approximately equal to 36 ounces or 891 grams) .
Small obstacles, nuisances.
Rotoli (rotolo: antica unità di peso napoletana) scarsi.
Impicci, fastidi.

Abbuffà, abbuttà comm' a ruospo
To swell up like a toad
To get angry.
Gonfiarsi come un rospo.
Arrabbiarsi.

Phrasings/Frasario: R

Me ggirano 'e rrutelle.
My gears go round and round.
I am full of problems.
Mi girano le rotelle.
Ho problemi.

Rutto pe rrutto...
Broken and broken....
We are at this point...(expression used to describe an ongoing action regardless of obstacles).
Rotto per rotto...
Arrivati a questo punto...(espressione per azione che si continua nonostante gli intoppi incontrati).

P.Bello L.Clark M.T.Fedele

Phrasings / Frasario: S

Mettere 'e mmane ìnt' â sacca.
To put the hands in your pocket.
To steal.
Metterti le mani in tasca.
Derubare.

Trasì int' â sacca 'e uno.
Squeezing into the pocket of someone.
To stick one's nose into someone else's business.
Entrare nella tasca di uno.
Interferire con gli affari di qualcuno.

Metterse uno ìnt' â sacca.
Lit.: to put someone in the pocket.
To know more than someone else.
Mettersi uno in tasca.
Saperne più di un altro.

Tené 'e ssacche sfunnate.
To have holes in the pockets.
To be a spendthrift.
Avere le tasche sfondate.
Avere le mani bucate.

Sacco scusuto.
Unstitched, rent sack.
Bottomless stomach, big eater.
Sacco scucito.
Stomaco sfondato, grande mangiatore.

Fà na sagliuta e na scesa.
To climb up and to come down.
To make a brief visit.
Fare una salita e una discesa.
Fare una breve visita a casa di una persona.

Lloco te voglio ciuccio a 'sta sagliuta!
How I want to see you donkey up this hill!
In this difficult situation show your skills.
Qui ti voglio ciuco a questa salita.
In questa difficoltà dai la prova delle tue capacità.

Phrasings/Frasario: S

Lloco te voglio zuoppo a 'sta sagliuta !
How I want to see you lame on this climb!.
In this difficult situation show your skills.
Qui ti voglio zoppo per questa salita!
In questa difficoltà dai la prova delle tue capacità.

Pe n' aceno 'e sale, se perde 'a menesta.
For (lack of) a grain of salt, you ruin the soup.
Said when a detail will ruin everything.
Per (mancanza di) un granello di sale, si perde la minestra.
Si dice quando per un dettaglio si rovina il tutto.

Nun essere doce 'e sale.
Not to be gentle (for the excess) of salt.
To be strict.
Non essere dolce (per ecesso) di sale.
Essere severo.

Mettere 'o ssale ncopp' â cora.
To put salt on the tail.
Expression used to refer to a bird or a person that has left and is no longer available.
Mettere il sale sulla coda.
Espressione per riferirsi ad uccello o persona fuggita non più raggiungibile.

Saluta a nnuje.
To our health.
An expression that is added to the name of the dead when talking about them.
Salute a noi.
Espressione che si aggiunge al nome di una persona morta parlando della stessa.

Â saluta!
To your health!, also iron.
Alla salute!
Si dice anche in senso iron.

C' 'a bbona saluta.
With good health.
Lots of good it may do to you, good luck.
Con la buona salute.
Buon pro.

Phrasings/Frasario: S

Salutà na cosa.
To say good bye to something.
To indicate that something has become unusable.
Salutare una cosa.
Si dice per indicare che una cosa è diventata inservibile.

Salutame a ssoreta.
Say hi for me to your sister, (meant to be offensive).
Salutami tua sorella.
Espressione offensiva.

Salutammillo.
Say hello to him.
It is said ironically talking about someone who does not interest us.
Salutamelo.
Si dice in senso iron.parlando di persona che non interessa.

Ricch' 'e sanghe.
Rich in blood.
With many children.
Ricco di sangue.
Con molta prole.

'O sanghe tuojo.
Your blood.
your children.
Il tuo sangue.
I tuoi figli.

Gelà 'o sanghe ncuollo.
To make one's blood run cold
To be afraid.
Gelare il sangue addosso.
Avere paura.

Tenè int' ô sanghe.
Having it in the blood.
To have some hereditary pecularity.
Tenere nel sangue.
Avere una data caratteristica ereditaria.

Puozze jittà 'o sanghe!
Spit out your blood!
Drop dead!
Possa buttare il sangue!
Improperio

Phrasings/Frasario: S

Scummà 'e sanghe.
Lit. To foam with blood (on the face).
To beat someone's face into a pulp.
Schiumare di sangue (la faccia).

S' è squagliato 'o sanghe int' 'e vvene.
Lit. The blood has liquified in the veins, the blood ran cold
Indicates a strong emotion.
Si è sciolto il sangue nelle vene.
Si dice per indicare una forte emozione.

Tirà, zucà 'o sanghe.
Lit. To take out the blood, to bleed somebody dry.
To deprive others of all property.
Tirare il sangue.
Spogliare degli averi.

Tené 'e sante mparaviso.
To have saints in heaven.
To have strong support in high circles.
Tenere i santi in paradiso.
Avere forti raccomandazioni.

Crìsce santo !
Lit. Grow up a saint! God bless you!
Said to children when they sneeze.
Cresci santo!
Si dice ai bambini che starnutiscono.

Nun è ssanto ca fa miracule.
He is not a saint who performs miracles.
He is not someone who does favors.
Non è santo che fa miracoli.
Non è persona che fa favori.

Passato 'o santo, passata 'a festa.
Gone (the day of) the saint, gone the party.
After the saint's name day, it makes no sense to celebrate. Celebrations of the name day (onomastico, a feast as big as a birthday in Italy) should be on the right day.
Passato il santo, passata la festa.
Passato il giorno dell'onomastico, non ha più senso festeggiare, le cose si devono fare a tempo debito.

Phrasings/Frasario: S

Senza sapé nè ccomme nè qquanno...
Without knowing how or when...
Without knowing anything.
Senza sapere né come né quando...
Senza saper alcunché...

Cagnà a ssapone.
To trade with soap.
To make a trade receiving almost nothing in return; in the past such trades were typically made with a soap seller.
Cambiare a (con) sapone.
Barattare ottenendo quasi niente in cambio.

Tené 'a saraca dint' 'a sacca.
To have an herring in the pocket.
To have a guilty conscience.
Avere l' aringa salata in tasca.
Avere la coscienza sporca.

Che sse dìce? 'E ssarde se magnano ll' alice.
What's up?The sardines eat the anchovies.
Question and answer about topics of no interest.
Che si dice ? Le sarde mangiano le acciuge.
Domanda e risposta generica non avendo un argomento di interesse.

Nu' ssarvarne nisciuno.
Saving nobody.
To talk behind everyone's back.
Non salvarne alcuno.
Sparlare di tutti.

Scamazzato.
Lit.Crushed.
Out of shape, or without a penny.
Schiacciato.
Non in forma o a corto di denaro.

Truvà 'a forma d' 'a scarpa soja.
Finding the shape of his shoe.
To find the one who beats him.
Trovare la forma della scarpa sua.
Trovare chi lo concia per le feste.

Phrasings/Frasario: S

Stà cu dduje piere ìnt' a na scarpa.
To keep two feet in one shoe.
To behave, to toe the line.
Stare con due piedi in una scarpa.
Rigare dritto.

E' gghiuta 'a carta 'e musica mmano ê scarpare.
The music sheet (score) has gone in the hands of cobblers.
È andata la carta di musica (spartito) in mano ai ciabattini.

Fà 'e scarpe.
Lit. To make (ask, coerce) somebody make a pair of shoes.
To gain an advantage or profit by damaging others.
Years ago the family of people close to death would acquire, or prepare, new

shoes and outfit in anticipation of the imminent funeral.
Danneggiare traendone vantaggio. Probabilmente il senso metaforico di questa frase può essere compreso considerando che, in passato, c' era l'uso di preparare le scarpe, nonché un vestito di una persona prossima a morire.

Jì 'e scarpe astrette.
You have tight shoes.
You are in trouble.
Andare con le scarpe strette.
Trovarsi in difficoltà.

Trasì dint' 'a scazzetta d' 'o parrucchiano, d' 'o prevete.
To enter the skullcap of the parish priest, of the priest.
To stick one's nose in someone else's business.
Entrare nello zucchetto del parroco, del prete.
Intromettersi nei fatti degli altri.

Acalà 'e scelle.
To lower the wings.
To be downgraded.
Abbassare le ali.
Ridimensionare pretese o modo di fare.

Fà 'o scemo pe nu' gghì â uerra.
Acting like an idiot to avoid going to war (also fig.)
Fare lo scemo per non andare alla guerra.
Fare il finto stupido per sfuggire le difficoltà.

Phrasings/Frasario: S

Nun se ne scenne propio.
It doesn't go down at all.
It's intolerable.
Non se ne scende proprio.
È insopportabile.

Sentirse 'e scennere.
Feeling something going down the gullet.
To have a hunch.
Sentirsi di scendere (qualcosa in corpo).
Avere un presentimento.

Scennerse na cosa.
To put down something.
To swallow something.
Scendersi una cosa.
Mandar giù, ingollare una cosa.

Scennere a ora 'e cavaliere.
To go down at the hour of the knights.
To arrive very late, like a nobleman or a knight (iron.).
Scendere a ora di cavaliere.
Presentarsi con molto ritardo, permesso ironicamente ad un nobile o un cavaliere.

Tené sott' ô schiaffo.
Lit. To keep under the slap.
To have someone at your mercy.
Tenere sotto lo schiaffo.
Tenere alla propria mercè.

È schiaruta 'a jurnata.
The day is brightened, iron.
The day got off to a bad start.
È schiarita la giornata, iron.
Il giorno è iniziato male.

Puozze schiattà!
Drop dead!.
Possa tu scoppiare (crepare) !

Sciacquà e nu' bbevere.
To rinse without drinking.
To work for nothing.
Sciacquare e non bere.
Lavorare ma senza averne ricompensa.

Phrasings/Frasario: S

Sciacquarse 'a vocca primm' 'e parlà
To rinse one's mouth before speaking.
Figure of speech referring to speaking with an important person.
Sciacquarsi la bocca prima di parlare.
Modo di dire allorché si deve parlare con una persona seria, importante.

Sciacquarse 'e stentine.
To rinse out the intestines.
To take very watery foods or very watery drinks.
Sciacquarsi gli intestini.
Assumere cibi molto acquosi o bevande molto acquose.

Sciacquarse na mola.
To rinse a molar.
To pay a high price.
Sciacquarsi un molare.
Pagare un grave scotto.

Fà sciala populo.
To play at splashing people
Enjoy everything at once.
Fare sciala popolo.
Godersi tutto e subito.

Piglià na scigna.
Lit. To pick up a monkey.
To get angry, to take offense.
From Latin Simia, monkey, or metaphorically ugliness, "to get so mad one looks like an ugly monkey".
Prendere una scimmia (dal latino simia = scimmia o sinonimo di bruttezza).
Stizzirsi, arrabbiasi.

Sciorta e ccauce nculo, viato a cchi 'e ttene.
Luck and kicks in the ass (having somebody who will put in a good word) lucky is he who has them.
Fortuna e calci in culo (raccomandazioni) beato chi li tiene.

Scola cavajola
'Cavajola' school (of Cava of Tyrrhenians, from V. Braca).
A poor, second-rate school.
Scuola cavajola (di Cava dei Tirreni, da V. Braca)
Scuola di infimo livello, con insegnanti impreparati e scolari asini e indisciplinati.

Phrasings/Frasario: S

Scopa nova.
New broom.
New boss wanting to introduce a lot of improvements but forced to go back to the old ways.
Scopa nuova.
Nuovo dirigente da principio intenzionato di introdurre chissà quali migliorie e poi costretto a riprendere il vecchio andamento.

Mazza 'e scopa.
Broom-handle.
Person without any authority or value.
Mazza di scopa.
Manico di scopa, fig. persona senza alcuna autorità.

Avè agliuttuta na mazza 'e scopa.
Having swallowed a broom-handle. (Having a rod up your ass)
Said of those who stand stiff as a rod.
Avere inghiottita una mazza di scopa.
Si dice di chi si muove troppo rigidamente.

Trasì, passà c' 'a scoppola.
To arrive, to pass with a slap.
Getting a job because of useful contacts.
Entrare, passare con lo scappelloto.
Avere un impiego con raccomandazione.

Pigliarla scorza scorza.
Lit. To take it peel peel. To take it no further than the skin
To take it superficially.
Pigliarla scorza scorza.
Prenderla superficialmente.

Purtà, tené scrìtto nfronte, nfaccia.
To wear, to have something written on the forehead, on the face, (on the sleeve).
To be unable to conceal a feeling.
Portare, tenere scritto in fronte, in faccia.
Non sapere dissimulare un sentimento.

Puozze sculà!
May you drip off, (May your flesh drip off from your bones!)
Die and rot!
Possa scolare !
Che tu possa morire (decomporti)!

Phrasings/Frasario: S

Fà 'a scumma mmocca.
To foam on the mouth.
To shout oneself raw.
Fare la schiuma in bocca.
Spolmonarsi per uno scopo.

Stà allerta pe scummessa.
To keep standing up only because of a bet.
Having a hard time keeping standing.
Stare in piedi per scommessa.
Reggersi in piedi a fatica.

Manco p' 'o scuorno.
Not even for shame.
Said of an embarrassing act.
Nemmeno per lo scorno.
Si dice di azione vergognosa.

Nun vulé nè ttené nè scurtecà.
To neither want to keep it nor to skin it.
Said of one who wants to get out of doing anything.
Non volere né tenere né scorticare.
Non voler prendere alcuna decisione né in un senso nè nell'altro.

Veniresenne cu na scusa.
Coming up fast with an excuse.
To invent a timely excuse.
Venirsene con una scusa.
Inventare una scusa al momento.

Tené 'a mana secca.
To have a dry hand.
To be stingy.
Tenere la mano secca.
Essere avaro.

Tené na cosa segnata.
Keeping something written and not forgotten.
To wait for the chance to take revenge.
Tenere una cosa segnata.
Aspettare l' occasione per vendicarsi.

Ascì 'a fore ô semmenato.
Getting out of the planted field.
Getting out of the correct norms of behavior.
Uscire fuori dal seminato.
Uscire dai canoni del corretto parlare o agire.

Phrasings/Frasario: S

Se n' ha dda perdere 'a semmenta.
May he lose his seed or his name; a curse on an enemy.
Se ne deve perdere la semenza.
Se ne deve perdere il seme, il nome: imprecazione contro persona nemica.

Se n'è pperduta 'a semmenta.
The seed has been lost.
There are no more men so honest.
Se n'è perso il seme.
Non ci sono più uomini così.

S' 'a sente cu...
Lit. He listens to ...
He gets along with...he plots with…
Se la sente con ...
Se la intende con...

È sciuta 'a sentenza.
The judge's verdict is in, in an iron. sense.
È uscita la sentenza.
È uscita la decisione del giudice, in senso iron. .

Spaccà sentenze.
To crush judgements.
To make unsolicited or useless judgments cloaked in authority.
Spaccare sentenze.
Dare giudizi non richiesti o inutili vestendosi di autorità.

Stà a ssentì.
To listen.
To follow advice.
Stare a sentire.
Seguire i consigli.

Cu ttutte 'e sentimiente.
Lit. With all the sentiments.
In full conscience, with all his soul.
Con tutti i sentimenti.
In piena coscienza, con tutta l'anima.

Senterse n' atu ttanto.
Lit. Feeling like a new person
Feeling very much improved.
Sentirsi un altro tanto.
Sentirsi decisamente migliorato.

Phrasings/Frasario: S

Essere na serenata.
To be (to feel) like a serenade.
Everything's just peachy.
Essere una serenata.
Si dice di un' azione che fila liscia.

Chiammà a ssan Paolo prìmma 'e verè 'o serpe.
To invoke St. Paul (patron saint of snakebites) before seeing the snake.
To ask for help before experiencing disaster.
Chiamare S. Paolo prima di vedere il sepente, cioè prima che sia venuta la disgrazia.

Jì a cchillu servizio.
Lit. Going to that service.
To shove it up someone's butt, to swindle.
Andare a quel servizio.
Andare nel deretano, fregare.

Fà 'o servizio.
To do the service.
To do a bad deed.
Fare il servizio.
Dare il benservito.

'A sfaccimma 'e II' uommene.
The sperm of men.
Human refuse, scum (insult).
Lo sperma degli uomini.
Rifiuto umano, feccia (insulto).

Fìglio 'e sfaccimma.
Lit. Son of sperm.
Clever person.
Figlio di sperma.
Persona furba.

Sfruculià 'o pasticciotto.
To chop rustic pastry (fig. the penis)
To be a bother.
Sminuzzare il rustico di pasta frolla (fig. il pene)
Iinfastidire.

Stà sfuttuto.
To be fucked up, depressed.
Stare sfottuto.
Stare depresso.

Phrasings/Frasario: S

Rummané a ssicco.
To be left dry.
To run short of something.
Rimanere a secco.
Restare a corto di qualcosa.

Trasì 'e sicco e avutarse 'e chiatto.
To enter sideways and to turn full face.
To start off modestly then become more and more demanding.
Entrare di secco (traverso) e girarsi di piatto.
Inserirsi modestamente all' inizio e avanzare pretese sempre maggiori in seguito.

Nun ce passano manch' 'e sierpe.
Not even the snakes go there.
Said of a dangerous place.
Non ci passano nemmeno i serpenti.
Si dice di posto pericoloso.

Nce capimmo a sische, diceva 'o mierulo â mugliera.
We understand each other with a whistle, the blackbird told his wife.
The accomplices understand themselves without words.
Ci capiamo a fischi, diceva il merlo alla moglie.
Fra complici ci si intende senza parole.

C' 'a mana smerza.
With the back side of the hand.
In a bad, wrong, mendacious way.
Con il rovescio della mano.
Nel modo cattivo, sbagliato, non sincero.

Addó nun coglie 'o sole.
Where the sun does not touch.
The backside.
Dove non colpisce il sole.
Le pudende.

Pittà 'o sole.
To paint the sun.
To have great skill of persuasion.
Pitturare il sole.
Avere grande abilità di convincimento.

Si esce 'o sole, esce pe ttutte quante.
If the sun comes out, it comes out for everyone.
If good fortune and riches come, they come for everyone.
Se esce il sole, esce per tutti.
Se arriva l'abbondanza, arriva per tutti.

Phrasings/Frasario: S

Nun me sona.
It doesn't ring right to me.
I don't like it.
Non mi suona.
Non mi va a genio, non mi piace.

Stà sfunnato a ssorde.
Having (bags and pockets) stuffed so much with money that the seams split.
To be immensely rich.
Stare sfondato a soldi.
Essere straricco.

Mettere 'e sorde ô pizzo.
To put money (away) in a (safe) place.
To squirrel money away.
Mettere i soldi al posto.
Mettere i soldi da parte.

Zuffunnato 'e sorde.
Submerged in money, having money up to the gills.
Full of money.
Sommerso di soldi.
Pieno di soldi.

Jì sottencoppa.
To go upside down, topsy turvy.
To go to the dogs, in ruins.
Andare sottosopra.
Andare in rovina.

Fà ascì 'e ssovere 'a culo.
To squeeze out sorb apples (fruits of the service tree) from the ass.
To subject someone or oneself to a difficult task which requires pain and sacrifice.
Far uscire le sorbe dal culo.
Sottoporsi ad un duro lavoro che costa dolori e sacrifici.

Mettere 'e spalle ô ffrisco.
To put the shoulders in a cold place.
To die.
Mettere le spalle al fresco.
Morire.

Chiejà 'e spalle.
To bow one's shoulders.
To resign oneself, to accept.
Piegare le spalle.
Rassegnarsi.

Phrasings/Frasario: S

Tenè ncopp' ê spalle.
To have a load on one's shoulders.
To be saddled with heavy expenses.
Tenere sopra le spalle.
Avere a carico.

Scutulià 'e spalle.
To shrug the shoulders.
To take no interest in something, to be indifferent.
Scuotere le spalle.
Fare le spallucce, disinteressarsi.

Sparagnà e ccumparì.
To save money and to look good.
To be thrifty but to make a good impression.
Risparmiare e comparire (fare bella figura).

Fà na sparata.
Lit. To shoot away
To make harsh reproaches.
Fare una sparata.
Muovere aspri rimproveri.

Stà â spartata.
To keep to oneself.
Stare a parte.

Nun avé addó se spartere.
Lit.: having nowhere to split oneself, not knowing what to do first.
To have too many commitments at once.
Non avere dove spartirsi.
Avere troppi impegni allo stesso tempo.

Nun avé a cche spartere cu ....
To have nothing to do with...
Non avere (niente) a che spartire con..
Non avere nulla in comune con...

Me fà specie ca...
It amazes me...
It makes a big impression on me.
Mi fa specie che...
Mi sorprende, mi fa meraviglia che...

Phrasings/Frasario: S

Spennere e spannere.
Lit. To spend and to spand
To squander, to waste.
Spendere e spandere.
Scialacquare.

Purtà a sperdere.
Lit.To make someone lose the way, to lead to ruin.
To trick, to cheat, to swindle.
Portare a sperdere.
Raggirare.

'A spesa nun vale 'a mpresa.
The expense is not worth the effort.
The effort is too great for the result.
La spesa non vale l' impresa.
La spesa è superiore al guadagno.

È cchiù 'a spesa c' 'a mpresa.
The expense is greater than the endeavor.
It's not worth the effort.
È più la spesa che l'impresa.
Non ne vale la pena.

Famme fà 'o speziale.
Let me be the pharmacist I am.
Let me do my task without interfering.
Fammi fare il droghiere.
Fammi svolgere il mio compito senza intralciare.

Fà 'a spina ô pere.
To be the thorn in the foot.
To take a long time for one's own advantage.
Fare la spina al piede.
Prenderla alle lunghe per il proprio interesse.

Fà 'a casa spingula a spingula.
To search the house pin after pin.
To search everywhere in the house.
Fare la casa spilla a spilla.
Rovistare la casa dappertutto.

Spireto p' abbrucià.
Alcohol to burn.
Denatured alcohol.
Spirito per bruciare.
Alcool denaturato.

Phrasings/Frasario: S

Essere nu spitale.
To be a hospital.
To be a house full of sick people, or to be a very sick person.
Essere un ospedale.
Essere una casa piena di malati o una persona piena di mali.

Accà e allà, comm' 'a sporta d' 'o tarallaro.
Here and there, like the tarallo-vendor's basket.
To be obliged to move around continually and be at the disposal of others.
Di qua e di là come la sporta del venditore di taralli.
Essere sbattuti di qua e di là per stare a disposizione di altri .

Addó arrivammo mettimmo 'o spruoccolo.
Wherever we go we put our sign.
Dove arriviamo mettiamo lo sprocco.
Arriviamo fin dove possiamo andare e ci mettiamo il segno.

Nun sputa maje.
He never spits, said about one who never stops talking.
Non sputa mai.
Parla senza fermarsi mai.

Azzeccàto c' 'a sputazza.
Attached with spit.
Attached weakly, poorly glued.
Attaccato con la saliva.
Attaccato, incollato debolmente.

Squaglià mmocca.
It melts in your mouth.
Said of very tasty and tender food.
Squagliare in bocca.
Si dice di cibo tenero e di pregio.

Tené stampato ncuorpo.
Having it printed on the body.
Knowing a thing or a person to perfection.
Averlo stampato in corpo.
Conoscere una cosa o una persona alla perfezione.

Fà na cosa cu 'e stentine mbraccio.
Lit. To do something with the intestines on the arm, carrying the intestines.
To do something unwillingly.
Fare una cosa con gli intestini in braccio.
Fare una cosa contro voglia.

Phrasings/Frasario: S

Farse 'e stentine fracete.
Making the intestines rotten.
To worry oneself sick.
Farsi gli intestini fradici.
Rodersi le budella.

Accuncià 'o stommaco.
To take something to soothe the stomach.
Aggiustare lo stomaco.
Assumere qualcosa per confortare lo stomaco.

Fà avutà 'o stommaco.
To make the stomach churn, to make oneself sick with something revolting.
Far rivoltare lo stomaco.

Tené uno ncopp' ô stommaco.
Lit. To hold a person on top of the stomach.
To be absolutely intolerant of a person.
Tenere uno sopra lo stomaco.
Non sopportare una persona.

Fà venì na cosa rint' ô stommaco.
Lit. To cause something (nausea) to go into the stomach.
When slow and boring people make you sick.
Far venire una cosa nello stomaco.
Provare insofferenza per persone lente, noiose.

Tenè 'o stommaco 'e ...
To have the stomach of...
To have the courage of...
Tenere lo stomaco di ...
Avere il coraggio di...

Suppuntarse 'o stommaco.
To prop up one's own stomach.
Eating something to satisfy the hunger.
Puntellarsi lo stomaco.
Mangiare qualcosa per calmare la fame.

Fà tanti storie.
To make a lot of stories.
To stand on ceremony.
Fare tante storie.
Farsi pregare.

Phrasings/Frasario: S

Fà 'e ccose storte.
To do twisted things.
To do bad work.
Fare le cose storte.
Operare, lavorare male.

Purtà a mmala strata.
Lit.To lead towards a bad way.
To lead someone astray.
Portare a mala strda.
Mettere su cattiva strada.

Lassà mmiez' a na strata.
Lit.To leave somebody in the middle of the street
To leave somebody penniless.
Lasciare in mezzo ad una strada.
Lasciare sul lastrico.

Tirà 'e streppole 'a culo.
To pull dry twigs from the ass.
To to take advantage of someone.
Tirare gli sterpi dal culo.
Strizzare una persona.

Cuntà quatto stroppole.
To tell four (a few) fibs to swindle somebody.
Raccontare quattro fandonie.
Raccontare qualche fandonia per raggirare.

Stuorto o muorto.
Awry or dead.
In one way or another, even if not the best.
Storto o morto.
In un modo o nell'altro, anche se alla meglio.

Pe stuorto o pe ddritto.
Awry or right.
Good or bad, in all cases.
Per storto o per diritto.
Bene o male, in ogni caso.

Uardà stuorto, nu' gguardà nfaccia.
To give a bad look, to avoid looking in the face.
To watch with hatred.
Guardare storto, non guardare in faccia.
Tenere il broncio.

Phrasings/Frasario: S

Sturià 'a notte p' 'o juorno comme...
Lit. Studying the night for the day as ...
To rack one's brains for...
Studiare la notte per il giorno come ...
Scervellarsi per...

Tenè 'o sturio.
To have educational qualifications.
To have a diploma.
Tenere lo studio.
Avere titoli di studio.

Comme succere succere.
As it happens so it happens.
In any which way, as God wants.
Come succede succede.
Alla buona di Dio.

Bonanotte ê sunature.
Lit. Goodnight to the musicians.
Phrase indicating disappointment for a situation gone wrong.
Buonanotte ai suonatori.
Frase per indicare disappunto per una situazione non andata a buon fine.

T' 'o ssuonne.
In your dreams.
You delude yourself.
Te lo sogni.
Ti illudi.

Manco pe ssuonno.
Not even in your dreams.
Never, without exception.
Manco per sogno.
Mai, in nessun caso.

Phrasings / Frasario: T

Fà tabbacco p' 'a pippa.
To shred tobacco for a pipe.
To tear something, to torment someone.
Fare tabacco per la pipa.
Ridurre a pezzettini, in cattivo stato.

Farne tacche e cchiuove.
To reduce a thing heels and nails.
To use something leaving it a mess.
Farne tacchi e chiodi.
Consumare una cosa fino a logorarla.

Venì a ttaglio.
Lit. To the cut, to hunt down someone.
To come within shooting distance , to take revenge.
Venire a taglio.
Venire a tiro, avere l'occasione di vendicarsi.

Tanno pe ttanno.
At once, at this moment.
Allora per allora.
Lì per lì.

Fernì a ttarallucce e vvino.
Ending with cookies and wine.
The episode ended happily but nothing was accomplished.
Finire a tarallucci e vino.
Si dice per una situazione conclusa in allegria ma si è arrivati ad un nulla di fatto

Vutà a ttarantella.
To end out in a tarantella.
To resort to pranks, to resort to joking.
Girare a tarantella.
Volgere a burletta.

Fà 'e ttarantelle.
To do tarantellas.
To pick fights, to pick arguments.
Fare le tarantelle.
Fare storie, questioni.

Phrasings/Frasario: T

Fermarse â primma taverna.
Stopping at the first tavern.
To proceed without proper preliminary research.
Fermarsi alla prima taverna.
Procedere senza aver fatto le opportune indagini preliminari.

Levà 'a taverna annanz' a ccarnevale.
To remove the tavern from the Carnevale
To remove the opportunity.
Togliere la taverna davanti carnevale.
Togliere l' occasione.

Fà tavule e ttavulelle.
To put up big tables and little tables.
To hold dinner parties squandering lots of money.
Fare tavole e tavolini.
Tenere conviti anche sciupando soldi.

Metterse a ttavulino.
To seat around a little table.
To study, to find a solution.
Mettersi a tavolino.
Studiare, trovare una soluzione.

Fà 'o tavulino.
To prepare a little table.
To organize a card game with friends on a small round table.
Fare il tavolino.
Fare un tavolino di giocatori.

Nun s' 'o ttene.
He does not keep it.
He repays a favor, he frees himself of debt, he takes revenge.
Non se lo tiene.
Si dice di chi ricambia in ugual misura ciò che ha ricevuto.

Levà d' 'a faccia d' 'a terra.
To remove from the face of the earth.
To murder.
Togliere dalla faccia della terra.
Uccidere.

Jì a ngrassà 'a terra.
Going to fatten up the ground.
To die.
Andare ad ingrassare la terra.
Morire.

Phrasings/Frasario: T

Sta chiuvenno int' 'a terra soja.
It's raining only in his land.
He is benefitting economically and in every other way.
Sta piovendo nella sua terra.
Sta beneficiando economicamente o di altro.

Mbruscenarse pe tterra.
Burrowing into the ground.
Turning around on the ground.
Strofinarsi per terra.
Rivoltarsi per terra.

Tené 'e tterre spase ô sole.
To own estates scattered under the sun.
To own many estates.
Tenere le terre sparse al sole.
Avere molte proprietà immobiliari.

È 'll'ora d' 'a tiella.
It is time for the baking dish (eating).
È l' ora della teglia (di mangiare).

Se só rutte 'e tiempe.
Lit. The weathers are broken.
Summer is over.
Si sono rotti i tempi.
S' è guastata la bella stagione.

Accunciarse 'o tiempo.
Lit. Good turning of the weather.
Getting back the nice weather.
Aggiustarsi il tempo.
Rimettersi del tempo al bello.

Stà tieneme ca me tengo.
Keep holding me up and I'll keep (standing)
Being in a precarious state.
Stare tienimi che mi tengo (sostengo).
Stare in precarie condizioni.

Tirà annante.
To get by.
To live as decently as possible.
Tirare avanti.
Campare alla meglio.

Phrasings/Frasario: T

Tirà nterra.
To pull something on the ground.
To finish something.
Tirare a terra.
Concludere una cosa.

Tirà 'o sciato.
To take a breath.
To take a rest.
Tirare il fiato.
Fare una pausa.

Tirarse 'a faccia.
Tensing of one's face.
One's face is paralyzed.
Tirarsi la faccia.
Paralizzarsi la faccia.

Venì a ttiro.
To come within shooting distance.
To run into someone with whom one has an account to settle.
Venire a tiro.
Incontrare una persona con cui si ha un conto da saldare.

Sunà 'a tofa appriesso.
Playing the trumpet behind someone.
To deride, to mock, to ridicule.
Suonare la trombetta, la buccina indietro.
Deridere, mettere alla berlina.

'O totaro dint' â chitarra.
The squid inside the guitar,fig. the penis into the vagina, the intercourse.
Il totano (il pene) dentro la chitarra, trasl. il pene nella vagina, il coito.

Fà 'a fine d' 'o tracco: tanti botte e ppo' dint' 'a munnezza.
To end out like the firecracker: many bursts and then in the garbage.
Referring to those who get excited without getting anything done.
Fare la fine del tracco: tanti botti e poi nell' immondizia.
Si dice per chi si agita senza ottenere nulla.

Fà trase e gghiesce.
Getting in and out frequently.
Fare entra e esci.
Entrare e uscire di frequente.

Phrasings/Frasario:T

Trasì rinte 'e fatte 'e uno.
To meddle in someone else's affairs
Entrare nei fatti altrui.
Immischiarsi nei fatti altrui.

Nun trasì ncuorpo.
Not getting into the body.
Disliking something.
Non entrare in corpo.
Non andare giù, a genio.

Fà na trave 'e ogne ppilo.
To make of each hair a beam.
To make a mountain out of a mole-hill, to overreact.
Fare una trave di ogni pelo.
Piantare grane per ogni nonnulla, reagire esageratamente.

Chi fà trenta pò ffa pure trentuno.
He who does 30 can do 31.
He who has made a big path (target) can also add an extra step.
Chi fa trenta fa anche trentuno.
Chi ha fatto un grosso cammino (obiettivo) può anche aggiungervi un passo extra

Essere carta 'e tressette.
To be a card of 'tressette' (Italian card game).
To be an important person or in a position of command, or,
a head of the underworld.
Essere carta di tressette.
Essere una persona importante, di comando, o un capo della malavita.

Jì pe mmano 'e tribbunale.
To act by a court order.
To act by judicial means.
Andare per mano di tribunale.
Procedere per via giudiziaria.

'O ttroppo è ttroppo.
Too much is too much.
Too much is crippling.
Il troppo è troppo.
Il troppo storpia.

Pozza murì 'e truono a cchi nun piace 'o bbuono!
May die of thunder (lightning) he who does not love good things!
Possa morire di tuono (fulmine) chi non ama il buono.

Phrasings/Frasario: T

Va trova, va truvanno comm' è ssuccieso.
Go and see how it happened.
Who knows how it happened.
Vai a trovare come è successo.
Chi sa come è accaduto.

Farse tunno tunno.
Making oneself very round.
To fill oneself with food or wine.
Farsi tondo tondo.
Farsi pieno di cibo o di vino.

Stà d' 'a parte d' 'o ttuorto.
To be on the wrong side, to be at fault.
Stare dalla parte del torto.
Aver torto.

Gagliardo e ttuosto.
Strong and robust, big and strong.
Gagliardo e fiorente.

A ttuozze e ppetacce.
(Made with) tears and fragments.
It is said of a payment done with sacrifices and efforts or of collection rather laborious of a debt.
A tozzi (pezzi) e a brandelli.
Si dice di un pagamento assai discontinuo fatto con sacrifici e sforzi o di una riscossione di un debito assai laboriosa.

Farse afferrà d' 'e turche.
Lit. To allow the Turks to take him.To behave like a person taken by the Turks.
Get caught up in a rowdy crazy situation. (The Turks conducted many fearful raids in the past along the coasts of Southern Italy, and are have retained to this day the image of a prototypical "bad guy")
Farsi prendere dai turchi.
Comportarsi da pazzo scalmanato.

Essere pigliato d' 'e turche.
To be taken by the Turks.
To be terrorized.
Essere preso dai turchi.
Essere terrorizzato.

Tuzzà nfacci' ô muro.
To hit your head against a wall.
To make useless attempts.
Cozzare in faccia al muro, fare tentativi inutili.

Phrasings / Frasario: U

Essere nu uaio 'e notte.
To be the (nefarious) trouble of the night.
To be a big trouble.
Essere un guaio di notte
Essere un grosso guaio.

Puozze passà nu uaio niro!
May you get into a black trouble!
Possa tu passare un guaio nero!

Jì truvanne uaie c' 'a lanternella.
To go looking for troubles with the little lantern.
Expression referring to someone who constantly looks for trouble.
Andare trovando guai con il lanternino.
Si dice di chi non fa che procurarsi guai.

Uocchie chine e mmane vacante.
Lit. Full eyes and empty hands.
To look but not touch.
Occhi pieni e mani vuote.
Vedere senza ottenere niente.

Stà a ccaccià uocchie.
Being ready to pull out the eyes of another.
To be in a furious disagreement.
Stare a cavare occhi.
Essere in grossa discordia.

Rint' a na vutata d' uocchie.
Lit. In the bat of the eye, in the bat of an eyelash.
In un giro di occhi.
In un batter d'occhio.

Farla int' a ll' uocchie.
To pull a swindle right under your eyes.
Farla dentro gli occhi.
Truffare sotto gli occhi.

C' 'o sanghe a ll' uocchie.
With blood in the eyes.
Irate.
Con il sangue agli occhi.
Irato.

Appizzà ll' uocchie.
To direct one's eyes.
Puntare gli occhi.

Phrasings/Frasario: U

Arapì ll' uocchie.
To open the eyes.
To pay attention, to be alert.
Aprire gli occhi.
Stare attento.

Veré 'a famma cu ll' uocchie.
To see hunger with one's own eyes.
To suffer hunger pains.
Vedere la fame con gli occhi.
Assaggiare la fame.

Nun tené manco ll' uocchie pe cchiagnere.
Lacking even the eyes to weep.
To be in black misery.
Non avere nemmeno gli occhi per piangere.
Stare nella miseria nera.

Mettere ll'uocchie ncuollo.
To cast (the evil) eye on a person.
To bring bad luck to a person.
Mettere gli occhi (il malocchio) addosso.
Portare jella ad una persona come una civetta.

Nzerrà ll' uocchie.
To close the eyes
To die.
Serrare gli occhi.
Morire.

Ascì pe ll' uocchie.
(The food) comes out of the eyes.
To keep gorging oneself without limit.
Uscire per gli occhi.
Ingozzarsi senza limiti.

Fà na cosa a qquatt' uocchie.
Lit.To do something at four eyes.
To do something among just a few people.
Fare una cosa a quattro occhi.
Fare qualcosa in pochi riservatamente.

A uocchio a uocchio.
Eye to eye.
Secretly, slyly.
Ad occhio ad occhio.
Alla chetichella.

Phrasings/Frasario: U

Piglià a uocchio.
To follow with (an envious) eye.
To envy.
Pigliare ad occhio.
Invidiare.

M' hanna cecà n' uocchio si...
They have to blind me if....
Expression used to say that the rest of the sentence is true.
Mi devono cecare un occhio se...
Si premette per affermare che il seguito della frase è veritiero.

Ncopp' a n' uocchio.
On top of an eye
Expression used to deny something (as in "Yeah, I will give it to you over your eye")
Su un occhio.
Si dice per non dare qualcosa.

Purtà a uoglio.
To carry in the manner of the (supernatant) oil.
Method of carrying someone on your back.
Portare a olio.
Modo di portare una persona mettendola sul dorso.

Mettere ll' uoglio 'a copp' ô peretto.
To add oil to the wine in the carafe. (The oil floats on the surface to preserve the wine).
To fill the measure, to reach the limit, to exaggerate.
Mettere l'olio sulla boccia (contenente il vino per evitare che lo stesso si guasti).
Colmare la misura, in senso fig., esagerare.

Ll' erva ca nu' vvoglio a ll' uorto mio nasce.
The unwanted weed is what I get in my garden.
Something totally unwanted, is what I am going to get.
L'erba che non voglio nel mio orto nasce.
L' erba indesiderata, quello che non voglio, è capitata proprio a me.

Uosso tuosto 'a scurtecà.
Bone hard to chew.
Impervious person that won't let go.
Osso duro a scorticare.
Persona dura, che non molla.

Phrasings/Frasario: U

Jettà, vuttà ll' uosso ô cane.

To throw the bone to the dog.
To be little what was received saying that it was a small thing while in fact it was something substantial.
Gettare l' osso al cane.
Disprezzare a parole quanto ricevuto asserendo che è poca cosa avendo invece ottenuto qualcosa di sostanzioso.

Mannà a ll' urmo.

To send to the elm tree.
To leave a player in a game with nothing to drink.It probably derives from the French expression, "attendez-moi sous l'orme" (wait for me under the elm tree), that'll be the day!
Mandare all'olmo.
Far rimanere un partecipante al gioco del 'patrone e ssotto' senza assaggiare la bevanda in posta, deriva probabilente dal modo di dire francese "attendez-moi sous l'orme" cioè aspettami sotto l'olmo, campa cavallo.

Phrasings / Frasario: V

Stà dint''o ventre d' 'a vacca.
Lit. To stay into the belly of the cow.
To live very comfortably.
Stare nel ventre della vacca.
Stare in ottima situazione.

Tené rint' â vammacia.
Kept in the cottonwool.
To take extremely good care of someone or something, to overprotect.
Tenere nella bambagia.
Avere molta cura di qualcuno o qualcosa.

Arrivà a vvangelo avutato.
To arrive after the gospel was already read.
To arrive too late.
Arrivare a vangelo voltato (già letto).
Arrivare troppo tardi.

'A varca cammina e 'a fava se coce.
The boat sails and the fava bean is cooking.
Business is going great.
La barca cammina e la fava si cuoce.
L' affare procede nel migliore dei modi.

Mannà 'a varca annanze.
To push the boat forward.
To rise the family, business, etc.
Mandare la barca avanti.
Mandare avanti la famiglia, un' azienda, etc.

Caccià vavia.
To snarl like an angry dog.
To put on arrogant airs.
Secernere bava
Assumere contegno arrogante.

'A vecchia ncielo.
The old woman in the sky.
Said to children when a bite goes down the wrong way, in order to raise their heads.
La vecchia in cielo.
Si dice ai bambini quando va loro un boccone di traverso, per fare alzare la loro testa.

Phrasings/Frasario: V

È ccosa vecchia.
It's an old thing.
It's common knowledge, it's well-known.
È cosa vecchia.
È cosa risaputa.

Te veco e nun te veco.
I see you and I don't see you.
You are in grave danger, you are at risk.
Ti vedo e non ti vedo.
Sei in un grosso pericolo, sei a rischio.

Nun saccio comme te veco.
I don't know how I see you.
You look strange.
Non so come ti vedo.
Ti vedo strano.

Gnottere veleno.
Swallowing poison.
Tormenting oneself because of repressed or helpless anger.
Inghiottire veleno.
Rodersi internamente per rabbia repressa o impotente.

Piscià acqua santa d' 'o velliculo.
To piss holy water from the belly-button.
Ironic expression describing someone who delivers moral sermons with a sanctimonious puritan attitude .
Pisciare acqua santa dall' ombelico.
Espressione ironica diretta a chi pronuncia discorsi morali assumendo atteggiamenti puritani.

Meglio si te sciugliévo 'o velliculo.
I should have cut down your (umbilical) cord, expression used by a mother angry over her child's misdeeds.
Meglio se ti scioglievo il cordone ombelicale. Espressione usata da una madre adirata per le malefatte di un figlio.

Romperse na vena mpietto.
To rupture a vein in the chest.
To talk until you have no more breath.
Rompersi una vena in petto.
Spolmonarsi.

Phrasings/Frasario: V

Comme vene vene m' 'a piglio.
I'll take it as it is.
Come viene viene me la prendo.

Mo se ne vene.
Now he comes.
Now he shows up, at the worse time.
Adesso se ne viene.
Adesso si intromette inopportunamente.

Vennere chiacchiere.
To sell chit chat.
To make empty promises.
Vendere chiacchiere.
Fare promesse a vuoto.

Veré 'e fà na cosa.
Let's see if we can do this.
Vedere di fare una cosa.
Impegnarsi, provare a fare qualcosa.

Nun ce veré pe uno.
Being blinded for love of someone.
Crazy about one.
Non vederci per qualcuno.
Stravedere per uno.

Giorgio se ne vò jì e 'o vescovo n' 'o vò mannà.
George wants to go away and the bishop wants to chase him away.
It refers to two persons who, for their own different reasons, want to terminate their relationship of servant and master.
Giorgio se ne vuole andare e il vescovo vuole mandarlo (via).
Si dice per riferisi a due persone che per loro motivi, spesso opposti, vogliono ottenere lo stesso scopo, cioè troncare il loro rapporto servitore-padrone.

Truvà, piglià 'a via 'e …
To find, to take a way to...
To decide to….
Trovare, prendere la via di ...
Decidersi a...

Rummané mmiez' a na via.
To remain stranded in the middle of the street.
To remain poor.
Rimanere in mezzo ad una via.
Rimanere povero.

Phrasings/Frasario: V

Purtà pe vviche e vvicarielle.
To lead along narrow streets and small alleys.
To prevaricate in order to avoid giving someone what he wants.
Portare per vicoli e vicoletti.
Temporeggiare per non dare ad uno quello che vuole.

Abbuscarse 'o ppane p' 'a vicchiaia.
To earn bread for one's old age.
To provide for one's old age, to find a good job.
Guadagnarsi il pane per la vecchiaia.
Trovare una buona sistemazione.

Te sî fatto viecchio.
Lit. You made yourself old. You are old now.
You always say the same things.
Ti sei fatto vecchio.
Dici sempre la stessa cosa.

S' è avutato 'o viento.
The wind changed direction, also metaf.
È girato il vento, anche metaf.

Fà 'e vierme.
To develop worms (in the body).
To be afraid.
Fare i vermi.
Avere paura.

Acala ca vinne!
Lower the prices and you will sell!
Expression used to convince someone to make more modest demands.
Abbassa che vendi!
Frase detta ad un commerciante o ad una persona per portarlo a più miti pretese.

A qquanto 'o vvinne.
How much does it cost.
Sentence refers to an arrogant person obsessed with his own importance.
A quanto lo vendi.
Si riferisce a persona superba che si rende preziosa.

Ascì pe vvintinove e ttrenta.
To squeeze out through twenty-nine and thirty.
Avoid a damage by a hair.
Uscire per ventinove e trenta.
Evitare per poco un danno.

Phrasings/Frasario: V

Addò vire e addò cieche.
When you see and when you're blind.
You see only what pleases you.
Dove vedi e dove sei cieco.
Vedi solo quello che ti fa piacere.

Fà 'a visita 'e sant' Elisabbetta.
Making the visit to St. Elizabeth (referring to Mary long visit to Elizabeth).
To make a long visit.
Fare la visita di santa Elisabetta.
Fare una lunga visita.

Piglià d' 'o vvivo.
Lit.To take from the live (capital).
To draw on one's capital.
Prendere dal vivo.
Prendere dal capitale.

Mo ce vò .
Now we need this.
Now it is time.
Adesso ci vuole.
È a proposito.

Quanno ce vò ce vò.
When we need it, we need it.
When it is time to do something, let's do it.
Quando ci vuole ci vuole.
Quando è necessaria bisogna fare una cosa.

Fà riebbete c' 'a vocca.
To run into debts by mouth.
To promise without meaning to keep one's word.
Fare debiti con la bocca
Promettere senza mantenere.

Spustà c' 'a vocca.
To move over with the mouth.
To say offensive words.
Spostare con la bocca.
Offendere a parole.

Stà 'o naso e 'a vocca.
To be like the nose and the mouth.
To be very near.
Stare (come) il naso e la bocca. Risiedere vicino.

Phrasings/Frasario: V

Tanta na vocca.
Such a (big) mouth.
A very big mouth, fig. to refer to a gossipy person.
Tanto (grande) una bocca.
Una bocca molto grande, anche fig.per linguacciuto.

Po' me ne raje na vocia.
Give me a call about it later
Let me know about this later.
Poi me ne dai una voce.
In seguito mi fai sapere.

Piglià a vvolo a vvolo.
To catch it on the flight (lit.on the flight on the flight).
To grab the occasion just in time.
Prendere a volo a volo.
Cogliere l' occasione giusto in tempo.

Sciacquatura 'e votta.
Swilled water from the barrell.
Diluted wine.
Sciacquatura di botte.
Vino annacquato.

Tené n' appuntamento 'e vrachetta.
Having an appointment with the fly of the pants
Having a sexual encounter with a woman.
Avere un appuntamento di brachetta (apertura dei pantaloni).
Avere un appuntamento per un incontro sessuale con una donna.

Menà 'a vreccella e ttirà 'a manella.
To throw the little stone and hide the little hand.
To offend, to mock, without being discovered.
Buttare il sassolino e ritirare la manina.
Offendere, dileggiare senza scoprirsi.

Levà 'a vreccia 'a int' 'a scarpa.
To take the pebble out of one's shoe.
To take revenge.
Togliere il sasso dalla scarpa.
Vendicarsi.

Nu' vvulerne ncuorpo.
Not to want something at all into the body.
Not to want something in any fashion.
Non volerne in corpo.Non volerne in alcun modo.

Phrasings/Frasario: V

Farse passà nu vulio.
Lit.To let go of a desire.
To satisfy a desire, to accomplish something important.
Farsi passare una voglia.
Prendersi una soddisfazione.

Rummané c' 'o vulio ncanna.
Lit.To stay with a wish in the throat.
To leave a great desire unsatisfied.
Restare con la voglia in gola.
Restare con un grosso desiderio insoddisfatto.

Vummecà ll' uocchie.
To vomit (even) the eyes.
To vomit very violently.
Vomitare gli occhi.
Avere un forte vomito.

Purtà 'a vunnella.
To wear a skirt.
Referring to a timid man who commands no respect, who is similar to a humble woman.
Portare la gonnella.
Detto ad un uomo che non si fa rispettare, che è simile ad una donnetta.

Nun ascì 'a sott' â vunnella d' 'a mamma.
To be tied to his mother's apron strings.
To be very timid.
Non uscire da sotto la gonnella della mamma.
Essere molto timido.

P.Bello L.Clark M.T.Fedele

Phrasings / Frasario: Z

Darse 'a zappa ncopp' 'e piere.
To hit one's own feet with the hoe.
To damage oneself.
Darsi la zappa sui piedi.
Danneggiare sé stesso.

Piglià nu zarro.
To slam in full into the corner (of a building).
To make a huge error.
Prendere una cantonata.
Fare un errore madornale.

Scummiglià 'e zzelle d' 'o zelluso.
To discover the ringworms in other people.
To discover the skeleton in another's closets, to discover the flaws in others.
Scoprire le tigne del tignoso.
Scoprire le magagne altrui.

Tené 'a zeppula mmocca.
To have a sweet donut in the mouth.
To speak as if one had food in his mouth.
Avere la zeppola in bocca.
Parlare con pronunzia blesa.

Fà 'a zetella.
To behave like a spinster.
Pretend to be a bashful woman.
Fare la zitella.
Fare la ritrosa.

Fà 'o zeza, fà 'a zeza.
To be a ladies' man, to be a flirty girl.
Fare il galante, fare la civetta.

Truvà 'a zezzenella.
Lit.To find the breast.
To find a source of easy money or easy living.
Trovare la mammella (pacchia).
Trovare una fonte di guadagno facile e continua o una lunga situazione confortevole.

È ffernuta 'a zezzenella.
Breastfeeding is over.
Easy living is over.
È finita la mammella (la pacchia).

Phrasings/Frasario: Z

Zitto chi sape 'o juoco!
Be quiet if you know the game!
Asking not to reveal a magic trick or a dishonest deal.
Zitto chi conosce il gioco!
Si dice per chiedere di non rivelare il trucco di un gioco di prestigio o l'imbroglio di un affare.

Durmì c' 'a zizza mmocca.
To sleep with a teat in the mouth.
To be a simple, naïve person.
Dormire con la mammella in bocca.
Essere una persona ingenua e poco scaltra.

Abbuscarse 'a zuppa.
To earn one's own bread.
Guadagnarsi la zuppa.
Guadagnarsi da mangiare.

Essere na zuppa.
To be sopping wet.
Essere una zuppa.
Essere molto bagnato.

Essere na zuppa 'e surore.
Lit. To be a sweat soup. To be drenched in sweat.
Essere una zuppa di sudore.
Essere tutto sudato.